달개집 서사

달개집 서사

박희선 수필집 일곱번째

해암

| 책을 내면서 |

살아있어서 변한다

　일곱 번째 수필집을 묶는다. 열없고 부족하지만 기쁘다. 좋은 수필이 못 되어도 나를 지켜 준 글이라 더없이 고맙다. 글로 맺은 인연 덕분에 더럭더럭 울기도 하고 짧은 편지 한통에 감동받아 삶을 다잡기도 한다.
　올 한해 몇 달은 우주여행에 취했다. 칼 세이건 선장과 일등항해사 류 선생이 이끄는 강의가 나를 점 하나로 남게 했다. 겸손하고 또 겸손하게 살라는 메시지는 미물의 생명도 지극히 사랑하게 만들었다. 무중력 공간에서 눈물이 동그랗게 뭉쳐 방울로 떠돌던 장면은 오래도록 잊히지 않았다. 눈물은, 어쩌면 서러운 내 영혼은 볼을 타고 흘러 사라지는 게 아니라 방울방울로 맺혀 여전히 떠돌고 있을 것이다.

태풍이 휩쓴 땅뫼산 황톳길을 맨발로 걷는다. 발가락사이를 간질이는 질퍽한 황토가 좋다고 극찬을 한다. 자주 오르던 금정산 오솔길을 단박에 차버리고 붉은 흙에 코를 박고 흠흠거린다. 나도 쉽게 그러면서 다른 사람이 내곁을 멀리하면 그럴 수 있느냐고 중얼거린다. 때로는 핏대를 세우고 말끝마다 날이 선다. 곱던 얼굴이 응어리로 맺혔다가 가슴앓이로 수북이 쌓이기도 한다. 그러나 이제야 알겠다. 살아있어서 변한다는 것, 언젠가는 돌아올 수 있다는 기대를 가져도 되겠다는 것, 언젠가는 좋은 수필 한편 쓸 수 있겠다는 것도.

이천이십삼년 가을 범어사 기슭에서
박 희 선

| 차례 |

1부 | 달개집 서사

13 달개집 서사
17 길항
22 다시 청춘 만개
27 멸
31 발그림자
35 상철이네 가게
40 소리가 되는 시간
44 일당 춤사위
48 소고기 찌개

수필
달개집 서사

2부 | 잔판머리의 비애

55　잔판머리의 비애
60　절창
65　카스테라
70　폭망은 없다
75　탈출구
79　청량이 이야기
83　헛배
87　힘의 과거
91　7년 사진첩

| 차례 |

3부 | 여자도 가을에 운다

97   여자도 가을에 운다
101 금
106 낡은 비유
111 낯선 새벽
115 백수아재
120 벌집
125 아름다운 감옥
129 우우와 어버버
134 우리 할매

수필
달개집 서사

4부 | 달비계 길

141 달비계 길
145 강의 재구성
149 헛방과 명중
153 안녕, 송결
157 잊지 못할 편지
161 꺾이지 않으려고
166 물풀
171 그레이 노마드를 꿈꾸며

박희선 수필집 일곱 번째
달개집 서사

> # 1

달개집 서사

달개집 서사

길항

다시 청춘 만개

멸

발그림자

상철이네 가게

소리가 되는 시간

일당 춤사위

소고기 찌개

박희선 수필집	
흙에 묻어온 휘파람 소리	도서출판 시로(1992년)
고독으로 가는 길은 어렵다	도서출판 해광(1998년)
그는 섬이 되어 있었다	도서출판 일광(2003년)
꽃이 말했다	도서출판 일광(2007년/2009년 재판)
환희로 살다	도서출판 해암(2012년)
아지트와 막걸리	도서출판 해암(2016년)
수필, 찬란한 슬픔 덩어리 (수필선집)	도서출판 해암(2018년)
달개집 서사	도서출판 해암(2023년)

달개집 서사

 울타리를 넘었다. 대문이 없는 집인데 사람이 살지 않아 생 울타리가 자리를 잡았다. 빈집에 도둑 들 일은 없지만 휑하게 열린 것보다 나았다. 마당엔 구절초가 씨앗을 물고 있다. 꽃만 예쁜 줄 알았는데 씨앗은 앙증맞은 목화 꽃이었다. 미세한 바람에도 몸을 흔들었다.
 장독대에 올라선다. 손살이 짓무른 안주인 솜씨로 대충 주물럭거린 타원형이다. 텃밭을 만들어 식솔의 찬거리도 거두어야 할 형편이라 땅 한 평인들 허투루 쓸 수 없다. 마당 한 귀퉁이에 나름의 창의력으로 굳힌 장독대는 세월에 흔들려 자잘한 금 투성이다. 비바람은 적당히 양성된 바닥을 조각내어 작품을 만든다. 발을 옮길 때마다 자그락거리며 부서진다. 유리파편같이 삽시간에 조각나고 누른 힘의 강약에 따라 모양이 다르다. 세모, 타원형, 팔각형, 삐딱한 사다리꼴이 얌전히 앉았다. 무슨 바람이 어떻게 불고 햇빛은 얼마나 쏟아내야 바스락바스락 소리까지 소환할까.

구엘공원 타일 벤치가 떠오른다. 바르셀로나를 상징하는 구엘공원은 가우디가 무한한 상상력을 동원해 조성한 곳이다. 자연 그대로를 두고 인공미를 곁들여 조화를 이룬다. 지중해 물빛을 닮은 푸른 색깔의 화려한 모자이크 장식은 타일 한 장을 망치로 토닥거린 놀잇감이다. 정해놓은 틀도 없이 깬 조각을 붙여 창의라는 이름으로 관광객을 부른다. 뱀처럼 구불구불한 벤치, 누워있는 용을 파도처럼 꿈틀거리게 하여 동화 속으로 초대한다. 세상에서 가장 긴 벤치에 앉아 가우디와 거부E흠 구엘 백작의 인연설을 얼마나 많이 들었던가. 나는 달개집 안주인과 무슨 인연으로 이곳에 섰는지.

달개집 안은 어둠이 산다. 모갯돈을 장만하기 위한 물건이 쌓여 있던 장소다. 적막이 흐른다. 흙냄새가 물씬거리고 황토로 덧칠한 바닥만 숨을 쉰다. A4용지만한 들창이 공기를 실어 나른다. 벽에 달린 전구도 무용지물이라고 끊긴 전선이 말을 건다. 함석 물받이도 덜렁거린다. 그런데도 이렇게 편안하다니.

인간의 고된 삶은 공간 속에 배어있다. 안주인의 공간은 달개집이었다. 아이들이 시도 때도 없이 드나든 안방보다 필요에 의해 본채에 덧대어 지은 집, 온기가 없어도 자리하나 깔면 안식할 수 있는 그만의 공간이었다. 친정에 두고 온 자식을 마음껏 그리워하고 회한을 풀어내도 소문나지 않을 거룩한 방이었다. 미련은 끈

끈했다. 무엇으로도 자를 수 없는 끈이었다. 와글거리며 눈앞에 있는 자식보다 체면 때문에 만나지 못한 자식 하나가 더 눈에 밟혔다. 그 아픔이 달개집에 모여 켜켜이 쌓여있다. 안주인의 눈물이 옷자락을 붙잡았다.

창고엔 미물이 엎드려 산다. 무엇이 되었든 생명은 있을 것이다. 잠겨있는 돼지꼬리 쇳대를 돌리며 이미 눈은 안으로 향한다. 녹슨 함석문은 문과 문틀이 어긋나 있다. 주인이 자주 드나들었을 텐데 입을 꽉 다물고 열리지 않으려 버틴다. 결국 무엇이 뭉텅 떨어져 나가는 소리를 내고야 마지못해 열린다.

사방에 거미줄이다. 생명이 있구나, 거미도 모기도 파리도 대롱거린다. 한쪽 날개가 떨어진 호랑나비도 걸려있다. 모두 죽었다에 방점을 찍는다. 도르르 말린 거미를 툭 친다. 움직인다. 죽은 줄 알았는데 살아있다. 한 번 더 쳤더니 동그라미로 매달린다.

나도 수없이 죽은 척 살았다. 힘센 자가 덮치면 나부러져 있어야 살아남는다. 억울함이 있어도 안으로 삼켜야하고 치미는 울화도 꺾어야 생을 부지할 수 있다. 내가 없는데 가문의 영광이며 아름다운 삶이 무슨 소용이랴. 태풍도 위압도 납작 엎드리면 목숨만은 부지할 수 있다. 참담 속에서 힘을 키우고 혼자 울 수밖에 없는 상황에 헛주먹을 날려도 당찬 미래를 품고 때를 기다려야한다. 거미는 위장술의 대가다. 괜찮은 녀석, 끝까지 살아남기 위해선

그래야지. 눈길을 다른 곳으로 돌린다. 거미의 일생이 숨 쉬는 창고, 기대에 어긋나지 않아 얼마나 다행인지.

주인이 쓰던 물건이 조금 남아있다. 연탄 서너 장이 얼굴을 들이민다. 지게와 소쿠리도 비석처럼 서 있다. 벽엔 낫과 호미가 나란히 걸려 있고 옥수수 씨앗도 매달아두었다. 씨앗을 건사하며 배부른 자식들의 웃음을 얼마나 자주 떠 올렸을까.

스테인리스 밥그릇에 흙이 고봉으로 담겨 있다. 지붕이 무너져 떨어진 흔적이다. 흙을 부었더니 카네이션 한 송이가 따라 나온다. 붉은 갑사 천으로 꽃잎을 정성들여 만든 수제꽃이다. 만든 자식도 받았던 부모도 흐뭇했으리라.

오가는 사람은 많이 없지만 달개집 서사는 끝없이 이어진다. 바깥주인의 기침소리, 외양간 짐승의 숨소리도 오롯하다. 이웃집 술 취한 남정네의 한 맺힌 포효도 담을 넘는다. 해는 저물고 그들의 흔적을 들으며 달개집 삐걱대는 문을 닫는다. 수만리 먼 곳 구엘공원 타일벤치와 비뚤한 타원형 장독대가 손을 흔든다.

어쩌나, 뜬금없는 눈물이 볼을 타고 내린다.

길항

 범어사 경내를 어슬렁거린다. 빠른 걸음으로 올라왔더니 이마에 땀이 밴다. 한겨울 날씨도 동력엔 무색하다. 법회 시간이 지났는지 보살의 그림자도, 자주 눈에 띄던 카메라 둘러맨 외국인도 드물다. 나뭇가지에 진을 치고 앉아있던 까마귀는 정물로 남아있다. 오롯한 나만의 시간, 고즈넉한 분위기에 젖어 봄기별을 듣는다.
 찬물 한 바가지를 들이킨다. 맛이 달다. 유순하게 흐르는 물이라고 하지만 금정산 중턱을 지나 이곳까지 오느라 험난한 길도 많았지 싶다. 가로 막고 있는 손톱크기만한 낙엽과 돌덩이도 비키느라 애썼을 것이다. 등산객의 둔중한 발길인들 없었을까.
 내게도 가벼운 풀잎 같은 어려움과 바위만한 고통이 수시로 들락거렸다. 그 일이 크든 작든 마음을 흔들었다. 해결의 실마리가 오리무중일 때는 집밖으로 나가는 게 상책이었다. 나는 저절로 범어사 쪽 오솔길로 접어들었다. 백팔계단을 지나 다리 하나 건너면 막막했던 마음이 조금씩 안정되곤 했다. 골몰했던 사건도 하나 둘 빠져나갔다. 숲속에 들앉아 숲에 잠기면 어리석은 분노도 잦아들었다.

공양 간 앞 은행나무는 하늘이었다. 앞만 보고 걸을 때는 그냥 큰 나무였다가 잎에 눈이 가면 한없이 우러러 보였다. 한차례 불어 닥친 여름 태풍에 푸른 잎과 열매는 사정없이 떨어졌다. 그래도 남은 열매는 자연과 길항하며 노랗게 익었다. '잘 참아냈네. 참은 게 아니라 버티었겠지.' 혼자 중얼거리며 나무 둘레를 돌았다. 이만큼 살아도 엄살을 부리는데 오백여 년 동안 얼마나 많은 시련을 감당했을지. 나무도 나도 그런 시간을 거뜬히 지나 오늘에 서 있다.

물바가지를 제 자리에 놓으려다 고드름에 부딪친다. 갈등 없이 멈춘 둥근 직선이 툭 부러져 물 위에 뜬다. 힘이 다 빠진 씨름꾼이 찧는 엉덩방아다. 난투극이 끝나고 털썩 주저앉는 패배자의 모습이랄까. 땅을 밟겠다는 원대한 꿈을 접고 엇박자로 치닫는 게 사는 거라고 어깃장을 놓는다. 절망을 부드러운 은유로 푸는 순간 둔탁한 한숨소리가 허공으로 사라진다. 작은 스침도 치명타다. 안중에 없던 고드름이 시야에 꽉 찬다. 거꾸로 매달려 버틴 생애는 흐르기를 거부한 몸짓이다. 혹독한 찬바람 속 영하의 날씨는 자신을 드러낼 절호의 기회였는데 실체 없이 사라지는 허망함을 어디다 비기랴. 고드름 몰치의 어느 한 길목에서 예리한 칼날을 만난 비운의 하루다. 그러나 슬퍼할 일만 아니다. 고드름의 배후엔 고갈되지 않을 든든한 물이 기다리고 있다. 물이 있어서 언젠가는 다시 일어설 것이다. 사람도 무너지고 다시 일어나는 일을 거듭하다 생을 마치지 않던가. 부러지는 것은 과거나 미래의 얽매임에서 벗어나 오늘을 제대로 사는 일이다.

고드름은 물의 근력이다. 어제와 지금이 거꾸로 매달려 미래를 기다린다. 물에도 뼈가 있다고 혼잣말을 한다. 물은 부드러움에 길들었다고 하지만 폭우가 쏟아 낸 물길은 한없이 사납다. 거센 물결이 계곡을 지나 남산교에 이르면 그 물줄기가 도도하게 흐르는 콰이강물 못지않다.

영화 '콰이강의 다리'에서 보았던 연합군 포로들의 너덜너덜한 군화는 오래토록 잊히지 않는다. 휘파람 불며 포로수용소를 향하던 발걸음이 강물에 휩쓸려 떠내려간다. 남루한 차림새가 피골이 상접한 모습을 더욱 애잔하게 한다. '콰이 마치'의 경쾌한 휘파람 소리는 심장에 파동을 일으킨다. 암전과 침묵이 지배한 행진곡, 포로들이 겪었던 참상을 설명하지 않아도 마음 무게는 천근이다. 붉은 물길은 졸졸거리며 풀어낸 속삭임이거나 한없이 온유한 성질을 떠올릴 수만은 없다. 나름의 고집이 있어 그 물은 그 물이고 거센 물은 거센 물길로 흘러 온천천으로 빨려든다. 내 관심은 여기서 끝이다. 이젠 보이지도 잘 들리지도 않는 말을 엿듣기 위해 목을 길게 뽑지 않는다.

이 월 중순경에 통도사에 들렀다. 붉은 자장매화를 보자는 글벗들의 의견이 분분해 나선 길이었다. 해마다 본 홍매화인데 설레는 마음은 어찌지 못했다. 겨울바람에 꽃을 피우기엔 이른지 꽃봉오리만 매달려 있었다. 삼백오십여 년이 넘은 나무가 살아 있다는 기별만으로도 흡족했다.

부산으로 오는 길에 푸르뫼 카페에 들어섰다. 우리를 안내한 김 선생은 좋은 사람 만나면 함께 가고 싶었던 곳이라고 온 몸이 벙싯거렸다. 입구 벽면에 고드름이 많이 달렸다. 범어사의 담백한 고드름과는 달리 낙하가 만든 화려한 겨울 꽃이었다. 나뭇가지에 앉은 물의 순간 멈춤이 이리도 황홀하다니, 내 삶에도 저리 분분한 몸짓이 있었을까. 변혁을 꿈꾸다 오히려 족쇄라고 던진 기억과 곳곳에서 들리는 우울한 추락은 얇은 햇살을 받고 달아났다.

고드름이 달린 나무는 본래 모습을 잠시 내려놓고 섰다. 가지마다 새로운 세계를 꿈꾸고 있다. 환희롭다. 기쁨을 주름처럼 매단 신비로움도 넘출거린다. 저 세계에 안주하기 위해 사력을 다하지만 불확실한 내일은 어쩔 수 없다. 거꾸로 매달린 날선 하루가 어깨에 힘주며 진행형으로 버티고 있을지 모른다. 안정을 딛고 달려 있는 것 같지만 고드름 어디에도 완료형은 보이지 않는다. 서로 견주며 등을 맞대고 봄기운의 파동과 쓸쓸함을 견딜 뿐이다.

 범어사 오솔길을 여전히 오른다. 우주의 숨결이, 나무의 움직임이 안개처럼 스멀거린다. 시름시름 앓던 물푸레, 상수리, 생강나무가 살아있다고 가지를 흔든다. 언 듯 비친 응달 고드름은 봄기별과 길항하다 소리 없이 추락한다. 다행히 내게는 봄이 올 모양이다.

다시 청춘 만개

　이모는 얼굴이 예뻤다. 몸매도 어찌나 반듯하던지 나이를 가늠할 수 없었다. 그런데도 삶은 고달팠고 그걸 달래기 위해 일기 쓰는 일에 몰입했다.
　어쩌다 놓고 간 일기장을 본 적 있었다. 번듯하게 드러낸 것도 아니고 비밀 일기장에 삶의 흔적을 쓰고 지웠다. 모서리가 다 닳은 공책을 휘리릭 넘기는데 눈물이 번진 자국도 선연했다.
　이모는 열여덟 해 동안 나를 도왔다. 학부형이 맺어준 이모자리였다. 낮에 잠시 우리 집에 왔다가 정리를 해주는 단순한 일이지만 큰 힘이 되었다. 허리를 다쳐 여섯 달 동안 꼼짝없이 누워 있을 때는 피붙이처럼 챙겨주었다. 그 공의 일도 못하고 생이별을 했다.
　가난이 갑자기 들이닥치면 핏줄도 멀어진다. 이론으로야 사람의 도리가 아니라고 말하지만 사는 것이 교과서처럼 되지 않는다.
　이모는 삐걱거리던 아들의 사업을 돕다가 많은 것을 잃었다. 재물도 사람도 건강도 손잡고 줄줄이 떠났다. 한 가지쯤 건너뛰고 축약해도 좋을 텐데 수순을 낱낱이 밟으며 현실을 모질게 앓았다.

이모가 누워 있는 곳은 분위기 좋은 요양원 같은 주택이었다. 감나무가 나를 반겼다. 잎은 제마다의 색깔로 물들어 세상을 품었다. 붉은 빛이 감도는가 하면 푸른 색깔을 머금고 청춘에 앉아 단꿈을 꾸었다. 꽃도 만삭이 되어 널브러졌다. 노란 감국, 기생초, 구절초, 코스모스 꽃이 핀 아늑한 별 밭이었다. 하늘의 밤빛이 다 내려와 살아있는 것을 위로했다. 이모의 기억은 어느 자락에 앉아 오늘을 살고 있는지 못내 궁금해 안달이 났다.

한 때 아버지도 결핵에 걸려 국립요양병원에 누워 있었다. 그때 아버지와 편지를 주고받던 그 여자도 이모라 불렀다. 그렇게 부르다보면 남남이지만 더 가깝게 느껴졌다. 같은 병동에서 짧은 끈 하나만 이어져도 정이 들지 싶었다. 일본말이 통한다는 이유로 면회를 갈 때마다 두 분은 숲속 의자에 마주보고 앉아 있었다. 잠시 비쳐든 햇볕을 쬐기도 하고 걷다가 숨이 차면 숨을 고르기도 하며 병을 달랬다. 그 덕분인지 아버지의 병원생활은 짧게 끝났다.

이모는 혼자 누워 있었다. 진한 장미비누냄새가 났다. 나를 쳐다보았지만 전혀 알아보지 못했다. '목욕시켰습니다. 죽 조금, 뱀장어달인 것, 정량 드셨습니다.' 간병인이 침대 옆에 보호자에게 알리는 내용을 상세하게 적어두었다. 보호자가 누굴까. 인기척을 내며 다른 방문을 두드렸다. 문은 꼭 잠겨 있었다. 마루에 널려 있는 꽃바지가 눈에 익었다. 진시장에 갔다가 꽃무늬가 예뻐 두 개를 사서 나눠 입었던 옷이었다. '지금껏 입고 있었구나.' 나는 이모 얼굴에 양손을 갖다 댔다. 고른 숨소리가 조금 흔들렸다.

 남자가 들어왔다. 한쪽다리에 깁스를 한 채 쟁반을 들었다. 서로 놀라긴 마찬가지였다. 대충 내가 누군가를 알렸다. 그는 서랍에 둔 일기장을 들고 왔다. "이 속에 내가 담겨 있었습니다." 신이 났다. "이제 일기는 제가 씁니다." 이모가 한가한 틈을 타 들려준 이야기에 스쳐간 나쁜 남자는 말이 많았다. 나는 무슨 말부터 해야 될지 몰라 허둥거렸다. 받아쓰기 시험에 백점 받은 아이가 엄마에게 자랑하듯 그만 부산했다. '내 생에, 아름답고 쓸쓸한 기억 속 그 나쁜 남자'로 들앉은 사람이 어떻게 보호자가 되었을까.

 부부는 헤어지면 남이다. 사별은 그리움이라도 남아있지만 이혼은 이름대신 '그 원수'로 되새긴다. 만날까봐 살던 동네를 떠나는 사람도 있고 흔적을 지우기 위해 물건도 내다 버린다.

 이모도 그랬다. 마지막 남은 사진 한 장마저 불태웠다던데 어떻게 한집에 살고 있는지. 이모가 치매증세를 보이자 아들에게 연락이 되었다. 남자는, 아들이 돌볼 형편이 못되어 이곳으로 데려와 다섯 해를 쓰다듬으며 지내고 있다. 재혼을 했으나 얼마 되지 않아 아내가 죽었고 그도 요양 중이었다. 젊은 날, 서로 생각이 달라 헤어졌다가 죽을병 신고는 같이 모여 살고 있다.

치매환자를 돌보려면 수시로 휘젓는 횡포도 감당해야 한다. 이모는 느닷없이 남자의 뺨에 입을 맞춘다. 그도 이마에 입을 갖다 댄다. "아들, 예쁘다." 옆에 있는 사람이 순식간에 아들이 된다. 이 사람이 '그 원수' 인지도 모르고 먹여주는 약을 먹고 죽도 넙죽 받아먹는다.

남자는 햇볕에 말린 이부자리를 걷는다. 무게에 짓눌려 뒤뚱거려도 어색하지 않다. 이모는 아무것도 할 수 없다. 양손이 버젓이 있지만 밥숟가락조차 들지 않는다. 음식물을 어떻게 씹는지, 옷은 어떻게 끄집어 올리는지 다 잊었다. 마 즙과 우유를 섞어 떠먹인다. 어제보다 오늘 더 잘 먹는다고 표정이 환하다. 한 숟가락, 또 한 숟가락, 예사 정성이 아니다. 세 번째는 토해낸다. "알았어, 알았어." 먹기 싫다는 신호란다. 고달픈 기색 없이 아버지가 철부지 병든 딸을 보살피는 모습이다. 나는 어쩌지 못하고 구경만 한다. 외경심마저 든다. 잘났다고 치켜든 꼬리만 내리면, 촘촘하게 박힌 좋은 기억 하나 떠올리기만 하면 못할 게 없겠다는 생각에 머문다.

마당으로 나선다. 이모는 손잡고 걷다가도 불쑥 밀어내고 주저앉는다. 이들에게 찬란한 시절은 언제였을까. 유예기간은 얼마나 될까. 외아들 잘 키우기 위해 과감하게 버렸던 사람, 60회 적금 들어 목돈 만들어 놓으면 어느새 알고 노름판으로 들고 나갔다던 남자의 손을 잡고 꽃구경을 간다. 애틋함이 묵묵히 뒤를 따른다. 남자는, 일기장 어느 모서리에 그의 순정이 적혀있어 이토록 안 갚음에 헌신하는지.

 만나야 할 사람은 언젠가는 만난다. 이들이 그 운명에 서 있거나, 아니면 부부의 남은 인연이 두 사람을 끌어당겨 묶었지 싶다. "우린 신혼이라 행복하게 삽니다." 먼 길 돌고 돌아 만난 사람들이다. 다시 청춘 만개, 아프지만 결코 슬프지 않은 아름다운 청춘 만개가 우주를 덮는다.

멸

 밭두렁에 광대풀이 무리지어 웅성거린다. 인간세상에서는 다섯만 모여도 엄포를 놓는데 줄기를 죽죽 벋어 세를 넓힌다. 그것도 모자라 자줏빛 꽃을 피우며 존재감을 드러낸다.
 밭둑을 따라 십여 분 걷다보니 홍 수필가의 농장 근처다. 십이월인데 개망초가 피어있다. 개울가엔 보랏빛 구절초가 홀로 앉아 물소리를 듣는다. 못다 피운 서정이 남았는지 겨울 한복판에서 가을을 물고 있다. 끈질기다. 주어진 삶에 최선을 다하는 걸까.
 홍 수필가는 경주 농장을 정리하고 개곡마을에 새 농장을 일구었다. 우리도 채소밭이 있어서 자주 가는 편이었다. 만날 때마다 가까이 있으니 놀러오라고 했지만 한 번도 가지 못했다. 볼일이 있어 외지에 가 있을 때 경주에 살고 있는 최 수필가가 왔다고 연락을 받았으나 갈 수 있는 형편이 못 되었다. 어쩌다 시간이 나서 찾아가면 농장 문이 닫혀 헛걸음으로 돌아왔다. 미리 약속을 하면 못 만날 일도 아닌데 미루다보니 그가 먼저 종지부를 찍고 말았다. 사는 것은 다 엇비슷해 유한한 삶에서 후회 되지 않고 아쉽지 않은 인연이 어디 있을까.

　나는 운 좋게 실상문학상 본상을 받았다. 문인이 된 이후 처음으로 받은 큰 상이었다. 그동안 문학 밭에서 누린 것만 해도 고마운 일인데 상까지 받다니, 시상식 날 홍 수필가가 색소폰 연주를 했다. 챙이 달린 모자를 쓰고 한껏 멋을 냈다. 나만큼 행복해 보였다. 이날을 빛내기 위해 얼마나 긴 시간 연습 했을지 참으로 고마웠다. 사람은 가도 그의 표정은 오래도록 남아있다.

　경주 그의 농막에 들렀다. 나무그늘에 평상을 만들어 현수막까지 걸어놓고 일행을 반겼다. 신라 땅엔 구덩이도 마음 놓고 팔 수 없어 불편하다는 넋두리를 했다. 그래도 우리는 주변 환경이 좋아 오래 머물고 싶었다. 소나무 냄새가 발끝마다 매달렸다. 꽃은 보이지 않고 치자 꽃향기가 은은하게 번졌다. 청객을 위한 이보다 더 나은 선물이 어디 있을까. 늦게 온 최 수필가는 경주 법주 화랑 서른 병을 들고 왔다. 달짝지근하고 향긋한 화랑을 그날 처음 맛보았다. 말벗만 좋으면 밤새 마셔도 좋을 부드러운 술이었다.

　동석한 배 시인과는 참 오래된 인연이었다. 팔십년 대에 서울에 있는 「시와 의식」 잡지사를 통해 그는 시로, 나는 수필로 등단하여 동인활동도 십여 년을 함께 했다. 문인이 그리 많지 않던 때라

동인의 세력이 광대풀 만큼 번성했다. 피붙이처럼 끈끈한 정을 나누었고 누군가가 어려운 사정을 이야기하면 아무도 모르게 주머니를 털어 돕기를 자청했다. 술김에 언성이 높아져도 별 탈이 없었다. 한 달이 지나 다시 모이면 말간 얼굴로 반갑게 맞아 술자리를 만들었다. 그러나 시와 수필이 다르듯 시인과 수필가의 성향이 달라 영원 하자던 모임은 해체 되었다. 생은 멸滅을 품고 있다는 이치는 비단 인간에게만 국한된 것이 아니었다.

 수필가들만 모여 필맥 동인회를 만들어 또 십 여 년이 흘렀다. 건강이 좋지 않은 송 수필가의 퇴장으로 우리는 침묵 기에 들었다. 가끔 안부만 물을 뿐 문학에 대한 이야기는 오가지 않았다. 건강이 어떠하신지, 식사는 좀 하셨는지, 집을 못 찾아오셨다는데, 겉도는 말만 하다가 끊고 말았다. 배 시인이 "그때가 의욕이 넘치고 좋았다."는 말에 고개를 끄덕였다. 나는 술기운 탓인지 목이 멨다. 그리운 얼굴 몇이 눈앞에 어른거렸다.

 한때 외국 사람에게 한글을 가르쳤다. 국적이 다르고 문화가 다른 사람이 모여 한글 교육을 받고 토론도 하는 그런 시간이었다. 스승의 날이 되면 마음 맞는 몇몇이 모여 선생을 집으로 초대했다. 다문화 가정은 그들이 일군 따뜻한 보금자리였다. 주방에서 음식 준비를 하는 동안 나는 거실에서 결혼 사진첩을 보며 놀았다. 화려하게 꾸민 신부가 신랑과 나란히 서 있는데 주례자가 낯이 익었다. 홍 수필가였다. 주례봉사를 하신다더니 이렇게 또 인연이 맺어졌나 싶었다. 대한민국 국민이 된 제자는 주례선생님의 말씀을 잘 듣고 적응한 덕분이라고 환하게 웃었다. 머잖아 이들의 후손이 대한민국을 빛낼 것이다.

홍 농장 사립문이 굳게 닫혀 있다. 저 농막에서 색소폰을 불고 닦으며 소중한 하루를 엮었지 싶다. 문학과 술을 사랑하고 음악을 즐겼던 수필가의 흔적이 소리로 들린다. 실존과 사라진 것에 대한 애틋한 반란이 주변을 맴돈다.

우리 밭 양지에도 광대풀 세력이 들끓는다. 빈 땅만 있으면 무리지어 발을 내린다. 내안에 가두었던 울분을 토하기 위해 자주색 작은 촛불을 든다. 침묵하는 열기도 뜨겁다. 그러나 한없이 벗어날 것 같지만 관리기 앞에선 한순간 나락으로 떨어질 운명이다. 예측하지 못한 파열음, 권불십년, 화무십일홍 앞에서 서둘러 댈 일은 아무것도 없다. 광대풀이 우거진 주름진 땅에 쓸쓸함만 감돈다.

가멸찬 기운이 전신을 휘감는다. 사람이든 초목이든 생명이 있는 것은 존재를 드러내기 위해 자신을 바친다. 그러다 서서히, 때로는 다급하게 사라진다. 도도한 생이 멸滅을 감추고 겨울바람에 일렁인다.

발그림자

　아침에 눈을 뜨면 꽃밭으로 나간다. 코로나19 덕분에 시간이 넉넉하다. 바깥일에 휘둘려 살다가 입 다물고 집 안팎을 둘러보는 재미가 여간 아니다. 살얼음판 세상 잠재우느라 귀한 햇볕이 종일 마당에 내려와 거닌다. 오밤중에 들어온 주인대신 집을 지켜준 이들에게 고마운 생각이 든다.
　올해는 나팔꽃이 숲을 이루었다. 채소밭에 쓰던 거름을 주었더니 죽죽 벋어 세력을 과시 했다. 꽃송이가 얼마나 큰지 옹종거리며 달려있던 작년 꽃송이에 비할 바가 아니었다. 분꽃은 지지대 덕에 몇 번의 태풍에도 끄떡없이 한 포기에 수십 송이 꽃을 달아 빈 골목을 향기로 채웠다.
　꽃무릇이 화들짝 피었다가 진다. 꽃의 생이 열이라면 서넛에 마감했다고나 할까. 꼿꼿한 줄기가 푸석한 머리카락을 매달고 있는 몰골이다. 화려한 전성기를 읽을 수 없다. 하늘을 우르른 황홀한 꽃술은 어디에 숨었을까. 곧이어 줄기마저 시들면 기다렸다는 듯

초록빛깔의 두 잎이 고개를 내밀 것이다.

우리 집은 이층 주택이다. 일층에 세 집이 살고 있지만 모두 혼자 여서 사람소리가 들리지 않는다. 얼마나 조용한지 간간히 트럭에 물건을 싣고 와 사라고 외치는 확성기 소리도 반갑다. 묵직한 대문은 밀면 열리고 당기면 툭 잠긴다. 한두 번 와 본 택배기사나 가스검침원이 일일이 대면하지 않아도 되어 좋아한다.

일층에서 가끔 두런대는 소리가 들린다. 어느 집에 손님이 왔다 가나 싶어 내려다보면 꽃밭 앞에 서있다. 이 꽃은 색깔이 별로고 저 꽃은 모양이 영 아니라고 배배꼬인 마음을 흘린다. 햇빛을 좋아하는 사랑초가 그늘 진 곳에서 죽을힘 다해 꽃을 피웠는데 사정도 모르고 빈정거린다. 물이라도 한바가지 쏟아 붓고 싶은 걸 참느라 애를 먹었다.

수국이 한창 필 때였다. 수더분한 중년 여인 둘이 수국 꽃 옆에 엉덩이를 붙이고 앉아 있었다. 일층 어느 집 주인을 기다리고 있나 싶었다. 가방에서 물을 꺼내 마시더니 일행에게 좀 쉬었다 가자고 부추겼다. 자주 왔다 갔는지 편안한 자세였다. "아직 몇 집은 더 다녀야 되는데… 그럽시다." 잠시 망설이던 두 사람은 아예 자리를 잡고 앉았다. 내려가 반길 손님은 아니었다. 이층의 인기척에 화들짝 놀라 일어나 "기쁜 소식 전하러 왔습니다." 했다. "늘 기쁘게 삽니다." 내 대답은 의미 없이 마당에 깔렸다. 그들은 '여호와의 증인' 전단지 서너 장을 계단에 놓고 나갔다.

　단정한 뒷모습이 사뭇 쓸쓸했다. 어떤 사명감으로 기쁜 소식을 전하지 못해 안달할까. 여호와의 증인 덕분에 새사람이 되었다던 친구의 얼굴이 겹쳤다. 어린나이에 노벨문학상을 타겠다는 원대한 꿈을 지녔는데 국어선생의 말 한마디에 삐딱 걸음을 걸었던 친구였다. "누구 시 베꼈노, 못 된 것만 배워가지고" 밤새워 했던 글짓기 숙제에 대한 선생의 혹평이었다. 모멸감에 허우적거리다 학교를 그만 두었다. 선생님을 찾아가 내가 쓴 시라고 밝혀야 되는데 숫기가 없어 묻고 말았다. 그동안 소식이 없다가 수년 전에 연락이 닿았다. 내게 여호와의 증인 전단지를 내밀었다. 이 전단지 덕분에 교회를 알게 되어 비뚤어진 심성을 바로 잡았노라고…. 친구야말로 부지런히 복음을 전하러 다니지 싶다.

　종려나무 두 그루는 우리 집 도서관이다. 집을 지을 때 심은 나무라 그동안의 이력을 고스란히 안고 있다. 털북숭이 잎집에 서른다섯 해 역사를 품었다가 한 쪽씩 풀어낸다. 이웃집 삽살개는 대문이 열린 틈을 타 이층으로 올라와 종려나무에 실례를 하고 간다. 다른 나무도 많은데 기댈만한 곳이었을까. 배탈이 자주 나 어지간히도 주인 속을 태우더니 결국 어디론가 사라지고 말았다. 죽을 때가 되면 스스로 태어난 장소를 찾아가는 코끼리처럼 먼 길을 떠났는지, 잊힌 일인가 했는데 아린 흔적으로 남아있다.

해마다 새해를 맞는 일에 종려나무가 중요한 역할을 했다. 십이월에 접어들면 크리스마스 트리와 꽃전구를 두 나무에 걸쳐 온 집안을 밝혔다. 일층에 사는 아이들도 이때만 되면 이층으로 올라와 종알대다 내려갔다. 세월이 흘러도 그때가 그리웠는지 중학생이 된 남매가 찾아왔다. "아, 종려나무가 그대로 있네요." 그의 어린 시절이 둥둥 떠다녔다. 해맑은 얼굴에 정신이 팔려 정작 묻고 싶은 말은 머뭇거리다 놓치고 말았다.

발그림자가 뜸한 세상이다. 나팔꽃 마른 줄기는 씨앗을 물고 종려나무에 매달려 대롱거린다. 시월도 서서히 멀어진다. 참으로 겪어 보지 못한 사건으로 얼룩진 시간, 삶을 뒤흔든 메마른 기억도 언젠가는 우리를 지탱하는 힘이 될 것이다.

상철이네 가게

 미국작가 폴 빌리어드는 네 살 때 겪었던 '위그든 씨의 사탕가게'를 잊지 못한다. 알록달록한 싸구려 사탕들이 풍기던 향기로운 냄새는 아무리 세월이 흘러도 여전히 그의 머릿속에 생생히 살아있다.
 내게도 그에 버금가는 만화방이 있었다. 동네 사람들은 아기의 이름을 따서 상철이네 가게라 불렀다. 만화책을 빌려주고 문방구와 여러 가지 사탕을 팔았다. 나는 그때 열 살 정도는 되었지 싶다. 우리 집에서 서너 집 건너면 있던 좁은 가게였다. 상철이 아빠는 배를 타고 외국으로 나갔고 상철이는 태어난 지 백일도 채 되지 않았다.
 나는 가끔 상철이 엄마가 아기에게 젖을 먹이고 밥을 짓는 동안 가게를 지켜주었다. 그 대가로 만화책을 공짜로 읽었다. 가게 안 들머리에는 사탕과 문방구 종류가 진열되어 있고 그 뒤엔 낮은 칸막이를 쳐서 만화를 볼 수 있도록 아늑한 공간을 만들어 두었다.

가족이 단출한 집이 부러웠던 내겐 이보다 더 좋은 장소가 없었다. 좁은 공간에 꽉 찬 만화책을 뽑았다 꽂았다를 반복하는 재미도 컸다. 연재만화 다음 호가 나오길 기다리며 헌책 냄새에 파묻혔다. 상철이 엄마가 할 일을 끝내고 가게를 지켰지만 저녁밥 먹으러 가라는 말을 듣고서야 겨우 일어났다.

순정만화는 밥만큼 소중했다. 서너 번 가게를 지키다가 만화책에 빠져 자청해 들렀다. 그럴 때마다 상철이 엄마는 만화책을 오래 읽을 수 있도록, 미안해하지 않도록 일부러 일을 만들었다. 만화책 한 권 보는 값으로 종일 읽고 있어도 머리를 쓰다듬어 주던 그는 위그든 할아버지 같은 존재였다.

어린 빌리어드는 알록달록한 사탕이 수북이 담긴 봉지를 들고 나온다. 위그든 할아버지가 묻는다.

"너 이것을 다 살 돈은 있니?"

"예, 물론이지요. 저는 돈이 많아요."

은박지에 싼 체리 씨 여섯 개를 위그든 할아버지 손에 올려놓는다. 잠시 손바닥을 들여다보더니 다시 한 동안 아이들의 얼굴을 구석구석 바라본다.

"모자라나요?"

"아니다. 조금 남는다. 거스름돈을 주마."

위그든 할아버지는 계산대 뒤쪽에 있는 서랍을 열고 1센트짜리 동전 두 개를 꺼내어 빌리어드 손에 올려놓는다.

 어른이 된 빌리어드는 외국산 열대어를 길러 파는 가게를 열었다. 남자 아이 하나가 제 누이동생과 함께 가게에 들어섰다. 남자 아이는 예닐곱 살 정도밖에는 안 되어 보였다. 두 아이는 눈을 커다랗게 뜨고 수정처럼 맑은 물속을 헤엄치고 있는 아름다운 열대어를 바라보았다. 그러다가 남자아이가 소리쳤다.

 "야아! 우리도 저거 살 수 있죠?"
 "그럼. 돈만 있다면야."
 "네, 돈은 많아요."
 누이동생의 눈엔 빛이 났다. 빌리어드는 무슨 일이 일어날지 알고 있었다. 그 옛날 위그든 할아버지가 물려준 유산이 꿈틀거렸다.
 열 살 먹은 손자가 대여섯 살 정도 되었을 때 일이다. 물욕이 많아 마음에 드는 물건이 있으면 양손에 들고도 모자라 입에 물고 제 것을 챙긴다. 제 엄마와 다이소에 몇 번 간적이 있는지 우리 집에만 오면 내 손을 끌고 나간다. 천 원짜리 두 장을 꺼내들고 이거면 살수 있다고 보챈다.
 다이소 매장은 매혹적이다. 일층엔 어린아이를 꼬드길 장난감이 한 눈에 들어온다. 혹할 물건이 한두 가지가 아니다. 어른이 봐도 신기한 물건이 많다. 손자는 종횡무진 내달린다. 가면, 카드,

딱지, 권총, 탱탱볼, 공룡알, 볼링세트, 낚시놀이, 점프개구리, 컬러주사위, 악어입이 달린 집게, 연보랏빛 불이 번쩍이며 소리까지 내는 플라스틱 칼, 서른 가지도 넘는 장난감이 바구니에 가득하다. '딱 두 개만 골라라.' 단호하게 말하던 제 엄마 목소리는 안중에도 없다. 미로 같은 진열대를 바쁘게 오가며 꿈을 담는다.

계산대에 섰다. 돈을 받는 청년 앞에 손자는 호주머니에 있는 천 원짜리 두 장을 다 꺼내어 보여준다. 전 재산을 내놓은 것이다.

"와, 돈 많네 누구랑 왔어?"

"할머니요."

"든든한 빽이네."

어린아이 앞이면 누구나 동심이 되는 걸까. 청년의 목소리가 부드럽다. 뒤에 서 있는 나를 쳐다본다. 그는 이미 위그든 할아버지의 표정이다.

"한 장이면 돼, 이건 남는다."

"우와, 네에"

손자는 천 원짜리 한 장을 바지주머니에 넣느라 정신이 없다. 거금 사 만원은 내 카드로 결재했다. 제 돈으로 이 많은 장난감을 살 수 있다는 것이 행복했을까. 녀석의 눈은 빛나고 얼굴은 상기되어 있다.

나이가 들어 좋은 것이 많다. 세모는 세모라서 좋고 사다리꼴은 사다리꼴이라 정이 간다. 그러나 순수가 길을 잃어 서글플 때도 더러 있다. 내 마음은 이러한데 받는 쪽은 저리해서 오해를 사기도 한다. 오지랖 넓은 행동이 불씨가 되어 경찰서에 불려간 일도 있다. "아, 그 사건입니까." 형사가 묻는 말에 오갔던 문자를 보여주고 조목조목 대응하면서 마주앉아 밥을 먹던 그들을 떠올린다. 어느 표정에도 불온한 가시는 읽을 수 없다. 이심전심은 불경에나 나올 말이다. 투명한 진실이 덧칠되어 얼마나 오랫동안 침울했던가.

 길을 오가며 위그든 할아버지 이야기를 가끔 만난다. 버스에서 요금이 모자란다는 안내방송이 몇 번 나와도 그냥 자리에 앉는 노인을 본다. '청력이 떨어져 못 듣는구나.' 생각하는 사이에 낯선 청년이 일어나 버스기사에게 말한다.

 "내 카드로 찍을게요."

 돈으로 따지면 1200원이다. 눈을 감고 있던 나는 그의 낮은 목소리에 상철이네 가게나 위그든의 사탕가게를 떠올리며 행복에 젖는다. 이런 날은 푸른 하늘이 해인처럼 깊다.

소리가 되는 시간

　농막에 앉아 빗소리에 몰입한다. 소리가 들썩거린다. 바람세기에 따라 가볍게 날다가 둔탁하게 조이다가 드디어 무릎을 꿇고 흔들린다. 시간이 지나자 볏단처럼 묶여 바닥에 드러눕는다. 모든 것을 체념한 쓰러진 패잔병이다. 아니다. 와불로 거듭 태어나기 위한 몸부림이다.
　처마에서 떨어지는 빗방울은 나를 현혹한다. 바람에 떠밀려 방향을 잃더니 먼 곳으로 달아난다. 쏜 화살처럼 날다가 고꾸라지며 나를 꼬드긴다. 이렇게 신나는 일이 많은데 왜 붙박이처럼 한 곳에 머무는지, 네가 머물 곳은 홍진에 덮인 세상이 아니라고 으름장을 놓는다. 사람의 마음은 순식간에 변한다. 조금만 추켜세워도 스스로 잘났다고 고개를 치켜든다. 겸손은 어디에도 없다. 연거푸 들으면 진실이 왜곡되어 어깨춤을 춘다.
　빗물은 흙을 당겨 올렸다가 다시 내려놓는다. 몇 초, 짧은 시간에 일어나는 일이지만 여간한 힘이 아니다. 절묘하게 올리고 내리기를 반복한다. 흙은 빗방울을 모으기 위해 홈을 만든다. 뚝뚝, 톡톡 소리를 받고 서서히 깊어져 몸 누일 터를 닦는다. 더러는 형클어져 엉뚱한 곳에 떨어져도 과감히 버릴 줄도 안다.

자연의 외경은 한두 가지가 아니었다. 어릴 때 해가 지는 줄도 모르고 쇠똥구리를 지켜본 적이 있었다. 온몸이 새까만 쇠똥구리는 흔하게 널린 쇠똥을 뭉쳐 뒷발로 구르고 굴러 먹이를 밀고 갔다. 눈은 앞에 있는데 어떻게 목적지까지 찾아갈까. 동그란 쇠똥을 흙에 덮어놓고 쪼그려 앉아 기다렸다. 나도 쇠똥구리도 숨을 죽였다. 얼마나 지났을까. 흙속에서 찾은 먹이를 다시 굴리기 시작했다. 몇 번을 더 흙속에 숨겼지만 결국 찾아내어 제 갈 길을 묵묵히 갔다. 먹이를 지키는 것은 목숨을 거는 일이라 여겼다. 쇠똥구리는 어둠에 묻혔고 나는 무서워 냅다 뛰었다. 그날 밤 와글대는 쇠똥구리와 쇠똥에 파묻혀 허우적거리는 꿈을 꾸었다.

빗방울은 집을 튼튼하게 짓는다. 제 몸을 던져 땅을 둥글고 깊게 판다. 일정한 간격으로 나란히 배치한 것이 자로 잰듯하다. 몇 백번 부딪쳐 제집을 지었을까. 바람에 흩날려 헛수고도 했을 테고 조준이 잘못되어 헛방도 많았을 테다. 겨우 혈 점을 찾아내어 야금야금 파다가 대패로 밀었다가 틈새를 공그르기 위해 손질인들 오죽 많이 했을까. 그 정성으로 육중한 몸을 실은 장화에 깔려도 무너지지 않는다.

비가 그쳤다. 빗방울은 혼신의 힘을 다해 흙집을 지어놓고 증발했다. 하늘이든 땅이든 어느 곳에 잦아들었다가 인연 닿으면 다시 내릴 것이다. 젖었던 집에 바람과 햇살이 드나들고 농막 이야기가 사전두께로 쌓였다. 흙집은 바싹 말라 온갖 수다를 흠뻑 빨아들였다.

먹다 던진 사탕이 제집인양 개미들이 들앉아 있다. 어느새 달콤한 냄새에 스멀스멀 꼬여든다. 한 마리 두 마리는 눈에 띄지 않는다. 잠시 한눈팔다 돌아봤더니 수십 마리가 와글거린다. 겹겹이 쌓이나 했는데 등을 타 넘는다. 먼지 같은 먹이를 물고 우왕좌왕하지만 만물이 그렇듯 시간이 지나면 제자리를 찾는다. 그 와중에도 죽은 녀석은 한 마리도 보이지 않는다. 경이롭다.

수숫대에도 바람이 앉아 살갗을 부비며 소리를 던진다. 수수농사를 지어 잡곡밥 해먹겠다는 밭주인의 들뜬 언어가 빗금을 그으며 날아간다. 날짐승을 막기 위해 하늘에다 그물을 둘렀지만 날파람이 가만 두지 않는다. 막대기에 깡통을 달아 흔들어보기도 하고 번쩍이는 반사테이프를 사다 얼기설기 엮어두어도 안중에 없다. 돈 버는 사람 따로 있고 쓰는 사람 따로 있듯, 심는 사람 먹는 사람 따로 있다는 세상 이치를 다시 깨닫는다.

참새들이 모여 든다. 쫑알쫑알, 몇 번 모이자는 신호에 만장일치가 되었는지 무더기로 날아든다. 신통력이다. 새소리가 저리도 요란하다니, 아무리 가벼운 몸이라도 일렁이는 수숫대에 앉아 알

곡만 뽑아먹는 적확함에 숨소리마저 죽인다. 사람이나 짐승이나 먹고 사는 일은 치열하다. 극터듬어 정상에 닿는다. 걸림돌이 있어도 먹이가 있는데 헤쳐 나가지 못할 것은 없다. 나는 휴대폰도 끄고 그들의 잔치에 고개를 끄덕인다.

 농막엔 밤이 일찍 든다. 그믐밤엔 붉은 갓도 푸른 배추도 검정색을 품는다. 계곡물도 먹물로 흘러 밤을 더욱 두텁게 한다. 그런데 참 묘하다. 그 속에 파묻혀 있으면 짙은 보랏빛이 웅성거린다. 한낮에 치를 떨던 마음도 사라진다. 태산 같던 남의 허물이 티끌로 변한다. '그랬겠다, 측은하다, 나 하나 그런다고 흙탕물이 맑아지나, 동업할 수 없지, 물 흐르는 대로 흘러가자.' 굳은살이 된 앙금에 순연이란 단어가 파고든다. 야무지게 매듭지었던 모진 구석이 꿈틀거린다. 우주의 비밀도 단박에 풀릴 것 같아 입을 다문다.

 시선을 돌린다. 먼 곳, 청량한 폐허다. 농로를 밝힌 전등만이 살가운 이웃이며 나침반이다. 깜빡이는 등대에 눈길이 가면 눈에 익은 소리가 보인다. 늘 따라다닌 풍경이 아니라 아늑한 지중해 물빛이 와락 안긴다. 끝없이 거닐고 싶은 해변, 젊은 히피들과 노인이 어우러져 평화를 보여주는 헐렁함이 함께 들어선다. 부록처럼 따라붙는 엉뚱한 생각이 팔짱을 낀다. 커피를 세 잔이나 마셨으니 잠은 멀어진다. 나는 기꺼이 그들과 어울려 소리로 나선다.

 긴 밤 지나면 분명 새벽이 올 것이다.

일당 춤사위

밥벌이 하러 가는 길이다. 지하철 금사역에서 내려 해운대구 반여4동 행정복지센터까지 걸어간다. 덥다. 작은 더위가 큰 더위에 업혀 피부 깊숙이 파고든다. 따갑다 못해 쓰리다. 양산마저 지하철에 두고 내려 마음이 이글거린다. 내 잘못인줄 알면서도 애꿎은 날씨 탓을 한다.

가슴장화를 신는 중년 남자와 마주친다. 얼굴엔 땀범벅이다. 몇 번 뒤뚱거리다가 겨우 중심을 잡고 장화를 가슴까지 끌어올린다. 맨홀 뚜껑은 열려 있다. 이 더운 날씨에 완전무장한 채 땅 밑으로 들어갈 준비를 한다.

휴대폰 소리가 요란하다. 미처 무음처리를 못한 게 미안해서 인지 다른 사람의 눈치를 본다. "급한 일인가 받아 보소." 현장소장은 눈을 내리깔고 퉁명스럽게 내뱉는다. 빨리 끝내고 찬물 한 바가지라도 뒤집어쓰고 싶은데 근무 중에 무슨 전화냐는 떫은 표정이다.

분위기가 사뭇 심각하다. 뙤약볕에서 온 몸을 가슴장화에 맡긴

그에게 아무래도 무슨 일이 생겼나 보다. "당신이 모시고 가라고." 낮은 목소리지만 단호하다. 저쪽에선 기어이 오라고 하는지 언성이 높다. "일당은 어쩌고…." 오후 한 시 반, 퇴근 시간은 아직 멀었다. 그는 일당에 잡혀 현장을 벗어날 수 없다. 벗어 놓은 옷 위에 휴대폰을 던지더니 깊은 땅 속으로 스며든다.

중년 남자의 표정은 난삽하다. 지켜보는 사람은 땅 위가 나을지 모르지만 정작 본인은 아스팔트를 머리에 이고 동굴 속을 헤집는 일이 오히려 마음 편할지 모른다. 늙은 어머니의 치료비, 흙수저 애비 둔 남루한 자식의 하루를 지탱해 줄 지폐가 저 속에 있는데 아내가 오란다고 냉큼 털고 달려갈 수 없다. 공명의 힘인지 첨벙거리는 발자국 소리가 땅위까지 들린다. 밥벌이 하는 게 다 그런 거다. 신들린 불후의 공적이랄까, 그 처절한 춤사위가 못내 칼칼하다.

다시 갈 길을 헤아린다. 이차 선을 가운데 두고 왼쪽에는 고만고만한 공장이 들어서 있다. 대림제1공장, 기술혁신형 중소기업 간판을 달고 있다. 겉은 팔십 년대 공장인데 기술이 혁신된 기업이라고 알린다. 바로 옆이 동양산업이다. 간판은 하는 일을 낱낱이 드러낸다. 절단, 절곡, 자동문, 강화도어, 철 구조물 제작 시공이라고 적어 두었다. 녹슨 대문을 곁에 두고 토치램프에선 화려한 불꽃이 튄다. 철을 자르고 굽혀 용도에 맞춘다. 한쪽 구석엔 대형 선풍기 두 대가 탈탈거리며 무심하게 돌고 있다. 더위쯤이야

아랑곳 하지 않고 두엇 사람이 바삐 움직인다. 코로나19에 잡혀 옴짝 못하는 사람보다 용접마스크를 쓰고 불꽃이라도 쏟아낼 수 있으니 그들의 내일은 배가 부를 것이다.

오른쪽엔 칸나 붉은 꽃이 두리번거린다. 고만고만한 키는 어깨를 겯고 있는데 큰 키는 허리를 잘린 채 나뒹군다. 태풍 마이삭을 이길 수 없어 몸을 내놓았다. 부러지지 않으려고 얼마나 애를 썼을까. 꺾여야 뿌리라도 지킬 수 있다. 무거운 짐을 진 가장인 듯 처연하다.

줄서는 일에 익숙하다. 부산역 앞에도 많은 사람이 줄을 서 있다. 남자일색인데 밤에 뉘처럼 섞인 여자가 줄을 바로 서지 않는다고 앙탈을 부린다. 그러거나 말거나, 이 줄도 저 줄도 아닌 줄은 그대로다. 일당이 어디서 나오는지 익히 알고 있는 터라 귀담아 들을 이유가 없다. 여자는 몇 번 옴씹어도 미동조차 없으니 입을 닫고 만다. 같은 처지에 '니나 잘하라.'는 남자의 표정이 역력하다.

신부님의 기도가 끝나고 기다렸던 배식 시간이다. 얼굴에 생기가 돈다. 반찬은 이미 포장되어 있으니 들고 가면 될 일, 국과 밥만 즉석에서 담는다. 받는 사람이나 나누는 사람이나 감사의 물결이 출렁인다. 그 틈새에 깡마른 얼굴이 웅크리고 있다. 처음 받아보는 공짜 밥인지 어설프다. 세상에서 뒤처진 자의 비애가 스치는가 하면 꽃 진 자리의 쓸쓸함이 묻어난다. 그들은 나무 그늘에 앉아 먹기도 하고 더러는 면벽하며 얼굴을 가린다. 이들에겐 밥 한 끼가 소중한 일당이다.

　남산동에도 밥줄이 길다. 목요일마다 범어사 소속 단체에서 점심을 준비한다. 갓 지은 밥과 국을 대접해서 인지 많은 사람이 모인다. 이들이나 나나 밥에 포로 된 세대다. 아무리 맛난 음식을 먹어도 밥 몇 숟가락이라도 들어가야 속이 편하다. 밥심에 기대어 살아왔고 밥 한 그릇의 소중함을 안다. 당신도 먹어야 되지만 거동이 어려운 이웃 노인 밥도 챙긴다. 밥 한 끼 해결하기 위해 줄을 서고 한두 시간 기다리는 것을 마다하지 않는다.

　나도 밥벌이에 몰입한다. 수십 년 동안 하던 일 접고 여유롭게 강의하러 다닌다고 하지만 일당 춤사위는 쉬운 게 아니다. 준비해둔 자료가 지워지면 정신이 아득하다. 정해 놓은 시간에 도착하려고 버둥거리기도 한다. 어쩌다 강의실 마이크가 고장 난 날이면 내용이 제대로 전달되지 않을까 노심초사하며 머리를 흔든다. 오늘 못하면 다음 주 이 시간에 다시 하면 되는데 학생들의 성적에 매달리던 직업병이 덧나 박명의 거리를 선회한다.

　가슴장화를 신은 중년남자가 종일 따라다닌다. 떨리는 음성으로 부르짖던 "일당은 어쩌고…."는 똬리를 틀고 들앉는다. 하루를 벌어먹고 산다는 것, 결국 내 밥그릇을 품는 일이다.

　드디어 가을이 올 모양이다. 남실바람에 찬 기운이 돈다.

소고기 찌개

나는 요리든 반찬이든 만드는 게 영 재미가 없다. 아침부터 나갔다가 돌아와 대문 앞에 서면 '오늘 저녁은 뭘 해서 밥상을 차리나.' 근심이 생긴다. 별다른 요리를 하는 것도 아니면서 머리만 복잡하다.

부엌일이 즐겁지 않다. 반찬 만들기는 더 하기 싫은 일이다. 그렇다고 내칠 수 없으니 여간한 고통이 아니다. 아직도 일손을 놓지 못하는 것은 반찬 만들 시간이 없다는 핑계 거리를 찾기 위한 것인지 모른다. 부엌살림은 아무리 해도 빛나지 않고 솜씨도 늘지 않는다. 학원운영과 강의를 서른 해 넘도록 했지만 부엌일만큼 성과를 거두지 못한 적은 없다. 각다귀판에서 일어나는 갈등도 풀어가는 재미가 있는데 이 일은 도무지 신이나지 않는다. 그럼에도 딱 하나 잘 하는 반찬이 있기는 하다. 일 년에 한두 번 허기진 몸과 마음을 가득 채우는 소고기 찌개다.

어머니가 갑자기 돌아가시자 아버지는 사흘이 멀다 하고 술을 마셨다. 삽시간에 건강이 나빠 자리에서 일어나지 못했다. 동생들과 나는 신음하는 아버지의 눈치만 살피며 헛헛한 허벅지를 주물렀다. 아버지를 위해 할 수 있는 유일한 위로였다.

큰어머니가 소고기 한 근을 끊어 오셨다. 요란한 도마소리를 내며 찌개 끓일 준비를 하는 동안 나는 막걸리 한 주전자를 사왔다. 소고기는 분홍빛 피가 배어있었다. 저 피와 살코기가 아버지의 몸속에 들어가면 혈기가 돌 것이라 믿었다. '못 먹어서 그렇지, 난리 통에 다리 잃고 불쌍해서 우짜노.' 난리 난 지 십 수 년이 지나도 조사하나 틀리지 않던 넋두리였다.

큰어머니는 눈물을 훔치며 소고기를 뭉텅뭉텅 썰었다. 작은 솥에 참기름을 두르고 무와 소고기를 덮었다. 고소한 냄새가 온 집안을 흔들었다. 무덤 같은 방안이 생기로 가득 찼다. 물 한 바가지를 붓고 끓이다 고춧가루와 소금을 조금 흘렸다. 대파와 풋마늘이 익을 때 쯤 간장으로 간을 맞추면 끝이었다. 국물이 자작한 찌개는 소고기와 참기름과 채소가 어우러져 아버지의 입맛을 살렸다.

큰어머니는 아버지를 억지로 일으켰다. 몇 번 팔을 내저었지만 큰어머니 등살에 어쩔 수 없는지 일어나셨다. 밥상엔 하얀 쌀밥과 찌개와 막걸리가 놓였다. 아버지는 찌개 한 대접과 밥 한 그릇을 다 드셨다. 죽도 못 넘겼는데 막걸리도 두 잔이나 마셨다. 큰

어머니는 며칠을 우리 집에 묵으면서 소고기 찌개로 아버지를 보살폈다. 그 정성으로 너끈히 기운을 차리셨다. "이거는 니 아버지 약이다." 아버지의 약, 간보라고 내 입에 한 숟갈 넣어 준 살코기 맛은 오랫동안 잊히지 않았다.

엘리베이트 없는 맨션아파트 2층에 살 때였다. 아버지는 우리 집에 딱 한 번 오셨다. 문중에 복잡한 사건이 생겨 잠시 피신한 걸음이었다. 남편이 아버지를 업고 계단을 오르는데 두 사람의 표정이 환했다. 큰방, 작은방, 또 작은방, 화장실까지 보여드린 다음 소파에 앉히셨다. 고마웠다. 남편과 여전히 잘 살고 있는 것은 아버지를 등에 업고 올라온 그때의 흐뭇하고 벅찬 감정이 수시로 저질렀던 무모한 사건과 셈을 비긴 때문이었다.

그날 저녁 처음으로 소고기찌개를 끓였다. 큰어머니가 하듯 정성 들여 밥상을 차렸다. "이렇게 맛있는 찌개를 니가 끓였다고?" 아버지의 칭찬은 진심으로 들렸다. 그 말씀에 3박4일 동안 깨춤을 추면서 비싼 소고기를 사다 날랐다. 후회 없이 잘한 일이었다.

나도 가끔 아플 때가 있다. 몸이 탈나면 병원에 가지만 사람에게 받은 상처에 허우적거릴 때는 소고기 찌개를 끓인다. 농협이나 한우 싸게 파는 집은 건너뛴다. 큰 병원 가서 검사받는 셈치고 믿을만한 정육점에서 한우 살코기를 끊어와 달달 볶는다. 이승을 떠난 아버지와 큰어머니를 생각해 쌀밥도 짓는다. 큰어머니 한 그릇, 아버지 한 그릇, 나도 한 그릇, 두 분이 즐겨 부르던 노래를 들으며 달콤한 찌개를 먹는다. 막걸리 한 잔까지 마신 나는 까짓 상처쯤이야 한발로 툭 차면 그만이라고, 어깃장 놓고 머뭇거리는 상흔을 큰소리로 몰아낸다. 배부르고 등 따뜻한데 품고 있을 이유가 없다.

빛나게 못하는 살림을 이제 와서 어쩌랴. 음식솜씨 없기로야 나와 견줄 사람 없지만 마음이든 육신이든 병 하나 고치는 소고기 찌개라도 끓일 수 있으니 이만하면 되었다. 쪼잔한 변명은 도를 넘은지 오래다.

박희선 수필집 일곱 번째
달개집 서사

2

잔판머리의 비애

잔판머리의 비애

절창

카스테라

폭망은 없다

탈출구

청량이 이야기

헛배

힘의 과거

7년 사진첩

박희선 수필집	**흙에 묻어온 휘파람 소리** 도서출판 시로(1992년)
	고독으로 가는 길은 어렵다 도서출판 해광(1998년)
	그는 섬이 되어 있었다 도서출판 일광(2003년)
	꽃이 말했다 도서출판 일광(2007년/2009년 재판)
	환희로 살다 도서출판 해암(2012년)
	아지트와 막걸리 도서출판 해암(2016년)
	수필, 찬란한 슬픔 덩어리 (수필선집) 도서출판 해암(2018년)
	달개집 서사 도서출판 해암(2023년)

잔판머리의 비애

　주방에 들어선다. 굼벵이 두 마리가 설거지통에 몸을 말고 죽은 척 엎드려 있다. 몇 번을 건드려도 꿈쩍하지 않는다. 어디에 얹혀 여기까지 왔을까. 코에다 대고 흠흠거린다. 두엄냄새는 아니다. 그렇다고 귀한 초가에서 올 리는 만무하다. 몇 번을 오르락내리락 하다 기분 좋은 흙냄새로 굳힌다.
　며칠 동안 들여온 채소의 이력을 밟는다. 알이 덜 찬 배추와 비트가 눈에 띈다. 적당근도 있지만 살집 많은 고구마 줄기에 달려왔지 싶다. 환한 불빛 덕분에 도르르 말린 잔주름도 선명하다.
　미세한 움직임이 보인다. 주름살 간격을 좁히는 것은 살아있다는 증거다. 어쩜 이리도 능청맞은지, 좋은 환경에서 잘 먹고 잘 살았다는 뜻을 통통한 몸집으로 말한다. 축축한 몸피는 명주처럼 부드럽고 얇다. 속살도 드러내고 속마음도 훤히 내보인다. 그럼에도 긴장한 탓인지 C자로 몸을 굽힌다. 여차하면 O자가 될 판이다. 엄연히 다리 세 쌍을 달고 있지만 기어가는 것을 본 적 없으니 몇 개의 다리도 별 의미가 없다.

  동작이 굼뜬 친구를 보면 굼벵이라고 놀린다. 어리석고 뒷북치는 친구도 싸잡아 영락없다고 몰아댄다. 우화 속에서도 미동의 대명사로 굳건히 자리를 지키고 있다. 빈곤한 내 생각은 관용구에 젖어 아무리 들여다봐도 영민한 구석이 없다. 구르는 재주가 있다는 말도 믿음이 가지 않는다. 남의 말에 의심 없이 내 것을 불쑥 내미는 어리숙한 그림자만 짙게 깔려 있다.

  굼벵이의 조상은 눈이 밝고 가재는 근사한 수염이 자랑거리다. 굼벵이도 남의 밥에 든 콩이 굵어 보였는지 물속에 비친 가재의 수염을 보니 탐이 난다. '저 수염을 내가 달면 얼마나 멋질까.' 혼자 중얼거리며 곁을 맴돈다. "내 눈과 네 수염을 바꾸지 않을래?" 서로 맞바꾸자는 제의에 둘은 손뼉을 친다.

  굼벵이는 제 눈을 뽑아 가재 눈에 철썩 붙여준다. 멋있는 수염을 달라고 의기양양하게 얼굴을 내민다. 그런데 조용하다. 작은 입을 쑥 내밀며 다그친다. "빨리 줘!" 순간, 적막이 감돈다. 환한 세상에 눈뜬 가재는 제 수염의 아름다움에 마음이 흔들린다. 어떻게 하면 밝은 눈과 수염을 다 가질 것인가, 한량없는 욕심이 치솟는다.

  가재가 정색을 하며 내뱉는다. "그런다고 덜컥 뽑아 주냐, 보지도 못하면서 수염은 뭐하게, 어리석은 놈!" 하늘거리는 수염을 휘날리며 물속으로 유유히 사라진다. "어, 어, 수염, 내 눈, 약속대로 해야지…." 수염보다 앞이 보이지 않아 허우적거린다. 버벅대다 뒹굴고 꾹꾹거려도 소용이 없다. 상대의 흑심을 헤아리지 못한 잘못일까. 배신이란 단어를 업고 지금도 어두운 땅속에서 꿈틀대고 있다. 욕심이란 것, 집착이란 것, 미물이든 사람이든 지나치면 영육이 함몰한다.

    굼벵이를 많이 만졌다. 벌레라고 징그럽게 여겨 본 적이 없다. 초가지붕을 헌다는 소식을 들으면 댓바람에 달려가 얻어왔고 거름이나 고구마 밭에서 나온 것도 모아 건초더미에서 키웠다. 간 질환에 사경을 헤맨 가족이 있다면 이해되지 싶다. '너는 어쩌자고 단백질의 보고가 되었나.' 한 생명을 살리기 위해 수많은 미물이 희생되는 게 미안하고 또 미안해서 효능이 있는 약성분 탓으로 돌린 세월이 제법 길었다.

    굼벵이를 넣은 탕기에 불을 지피면 말 수를 줄였다. 이들에 대한 나만의 기도 법이었다. 참으로 간절했다. 절망에서 희망을 끌어 올리는 방법이었고 죽을 사死에서 살활活을 찾는 길이기도 했다. 생명이 베푼 헌신공양을 헛되이 받아선 안 될 일이었다. 매미가 될지 풍뎅이로 태어날지 알 수는 없다. 비슷한 애벌레지만 성충이 되면 모습이 다 달랐다. 꽃무지, 사슴벌레, 더러는 장수풍뎅이로 탈바꿈해 자연의 품속에서 한세상 누릴 생명을 볼모로 잡았으니 이들을 위한 기도를 게을리 할 수 없었다.

　나는 그때 자주 꿈을 꾸었다. 영혼과 교감이 이루어지나 싶었는데 횟수가 잦을수록 잡상스런 갈개잠에 시달렸다. 매미의 기습에 진땀을 흘렸고 풍뎅이의 침묵시위에 노루잠을 잤다. 사슴벌레가 내 몸에 엉겨 붙어 격렬한 광기를 부려도 그냥 엎드렸다. 조금만 기다리면 어둠속에서 벗어날 텐데 얼마나 억울했을까. 숲에 들기 위한 넋두리도 생략된 끝판에 생포되었으니 분노도 컸을 게다. 잔판머리에서 겪은 애달픈 비애, 어떻게 하면 이들을 잠재우고 최귀한 죽음에 보답을 할까. 그럴 때 마다 일어나 염주를 돌렸다. 등골에 땀이 밸수록 고개를 깊이 숙였다.

　굼벵이는 다시 온몸을 동그라미로 만든다. 짧은 다리도 보이지 않는다. 우둔한 나는 미동의 흐름을 정확하게 읽어내지 못한다. 빛을 거부하든 배신에 몸부림을 치든 살아 있다는 몸짓언어로 받아들일 뿐, 작은 상처 하나 내지 않고 돌려보낼 궁리만 하고 있다. '너의 조상은 한 생명의 은인이었다.' 이심전심이 되면 좋으련만 내가 깊은 뜻을 모르듯 그것까지는 무리한 요구다. 어디로 보내야 명대로 살 수 있을까.

　굼벵이 두 마리를 종이봉투에 담는다. 살던 밭으로 안전하게 보내기 위해서다. 빛은 차단하고 숨구멍은 열어두었다. 20여 분 남짓한 거리를 낭랑한 목소리로 읽는 수필을 들으며 동행한다. 어떤 종種을 품고 있는지, 시간이 얼마나 지나야 날개를 달지는 미지수다. 다만 부드러운 흙속에서 변신을 꿈꾸며 아름다운 생을 오래도록 이어가길….

　우주에서 온 선한 기별일까, 후두둑 빗소리가 요란하다.

절창

 남편이 정치에 뜻을 둔 때가 있었다. 동네일이라면 발 벗고 나선 오지랖이라 부추기는 사람도 많았다. 평온했던 집안이 난장판이 되었다고 지 선생에게 하소연을 했더니 여길 가보라며 도사 집 약도를 그려 주었다. 되면 되고 안 되면 안 된다고 콕 집어 말을 해 도움이 될 것이라고 일화를 들려준다. 강 후보자는 당선 될 확률이 낮은데 의회에 입성한다고 장담을 했단다. 선거운동 막판에 상대 후보가 하차한 덕에 가뿐히 되었다는 것이다. 그 말이 당의정이었다. 하룻밤이 몇 날처럼 길었다.
 새벽이다. 동이 트려면 한 시간은 더 기다려야 된다. 바닷가를 빙빙 돌며 시간을 끈다. '그 어느 지점에 도착하면 줄을 서 있는 무리들이 보일 거다.' 약도 옆에 깨알 같은 작은 글씨가 도드라진다. 일명 멸치도사집의 약도는 정확하다. 사진을 보듯 예닐곱 사람이 줄을 서 있다. 나도 그들 뒤에 섰다.
 모래바람이 지나간다. 바람은 허튼 짓 한다고 모래 한 무더기를 휘이익 뿌리고 달아난다. 하늘이 점지해 준다는 뱃속 아기 성별도 미리 아는 판에 괜한 짓이다에 동요되어 잠시 흔들린다. 세상엔 전깃불도 있고 촛불도 건재 한다. 필요에 따라 선택은 내가 할 뿐이다. 몇 번의 바람이 겨끔내기로 우리를 덮쳤고 그 사이 스무 나 명이 더 불어나 줄은 곡선이 되었다. 멸치도사에 대한 신뢰는 순서를 기다리는 사람들의 숫자에 비례한다. 사람이 늘어날수록 나름의 확신을 가지고 대열 따라 움직인다.

주변색깔은 무채색이다. 2월이어서 그런 것만은 아니다. 저마다의 간절한 바람일지라도 끝없는 욕심은 어둡다. 남보다 많이 갖기 위해서, 작은 권력이라도 잡기위한 허욕이 깔려있다. 노력 없이 기적을 바라거나 자전과 공전의 법칙을 깨기 위한 방편일 수도 있는데 아름다운 색깔이 배경이 되어선 곤란하지, 그게 세상의 이치다. 오늘은 무지에 가려 일출도 입을 꾹 다문다.

오전 일곱 시가 되자 문이 열린다. 안내자는 줄서 있는 사람들을 실내로 불러들인다. 대기표가 있는 것도 아닌데 차례대로 의자에 나란히 앉는다. 어쩌면 신의 영역에 근접한 이 사람을 만나면 불가능한 문제도 쉽게 풀릴지 모른다. 밝은 세상에 살면서도 모두 이런 마음으로 새벽같이 달려오지 않았을까.

안내자는 이층 계단 입구에서 합장을 하고 섰다. 삐걱거리는 소리가 가까이 들리자 "도사님 내려오십니다. 모두 일어서 주십시

오." 부드러운 목소리지만 명령이다. 하나같이 일어서서 합장을 한다. 멸치도사님도 예를 갖추며 방으로 들어간다. 덩치나 생김새를 보면 멸치보다 허울 좋은 준치에 가깝다. 반어법을 통해 유명세를 날리는 것일까. 안내자도 뒤따라 들어가더니 조용하다. 무슨 의식을 치르는지 시간을 끈다. 문하나 열고 닫는데도 우리 집 제사 지내는 분위기다. 기이한 풍경이지만 도사님 전당만의 법이지 싶다. 첫 손님에게 들어가라는 손짓을 한다.

사람마다 사연이 다르다. 무슨 절박한 일이 생겨 이곳을 찾았는지 도사를 만나고 나오는 그들의 표정은 각양각색이다. 환하기도 하고 어둡기도 하다. 밍크코트를 질질 끌고 나온 여자가 눈물을 흘리며 코를 푼다. 손등까지 문신이 드러난 건장한 남자는 목까지 빳빳하다. 어떤 처방전을 받았을까. 그들은 한시도 머물지 않고 급히 빠져 나간다. 의외로 사람들은 금방 줄어든다.

드디어 내 차례다. 방안의 분위기는 엄숙하다. 이내 전염된 엄숙을 안고 조용히 앉는다. 어떻게 왔느냐고 묻는다. "이번 지방선거에…." 긴 말이 필요 없다. 뒷말이 미처 끝나기도 전에 "알았어, 생년월일…." 단도직입이다. 도사는 내가 들이민 사진을 앞에 놓고 생년월일에 접신을 한다. "좋아, 붙는다, 딱 붙게 되어있네." 과연 도사는 도사다. 먹이를 향해 물살 헤집고 몰려드는 은빛멸치처럼 빠르다. 준치 실력으로는 어림없다. 이래서 멸치도사인가 싶다. 삼 분도 채 걸리지 않았는데 고객이 원하는 답을 단박에 집어내다니⋯.

정답인지 오답인지는 다음 일이다. 공부 잘하는 아이들은 시간을 오래 끌지 않는다. 정답이 한눈에 들어온다지 않던가. 백 문제에 한 개만 틀려도 머리를 책상에 처박는 얄미운 녀석의 얼굴이 휙 지나간다. 예비후보자의 사진에 화색이 돈다. 이미 다 된 밥에 숟가락만 얹으면 된다. 서둘러 지갑을 꺼내는데 "사주가 아주 좋다, 이런 사주 드물어, 그냥 가." 참으로 절창絕唱이다. 이보다 더 완벽할 수 없다. 돈도 받지 않겠다는데 무슨 설명이 필요할까. 가슴 죄며 기다렸던 청문은 삽시간에 끝이 났다.

남편의 호기어린 봄날은 갔다. 어느 당선자처럼 상대가 중도하차 하는 변이도 일어나지 않았다. 많은 이의 도움이 있었지만 원대한 꿈은 두 번이나 꺾였고 또 한 번은 판을 펼치기도 전에 양보로 끝났다. 자그마치 열 두 해를 한 곳에 몰입해 심혈을 기울였다. 그러나 가고 싶은 길은 아무리 어르고 달래도 제멋대로였다. 명품회사를 만들겠다던 포부도 서서히 숨이 죽었다.

기름진 밭에 씨앗을 뿌렸다고 싹이 다 트지 않는다. 사는 일도 내 뜻대로만 이루어지면 깊은 맛이 없다. 잦은 태풍에 뿌리가 흔들리고 가끔은 짙은 안개도 덮쳐야 마음근력도 튼실해진다. 엉뚱한 길에서 허우적거려 봐야 내 자리의 소중함을 안다. 그는 세속의 직분과 메별하고 설익은 농사꾼이 되었다. 흙을 만지고 푸성귀 키우며 서서히 늙어가고 있다. "내 사주 덕에 싱싱한 채소로 잘 먹고 잘 산다." 한 치의 의심도 없이 던지는 절창에 힘이 실린다.

카스테라

 방학 첫날이었다. 나는 서둘러 양과자점에 들러 카스테라 한 개를 샀다. 할머니가 위독하다는 연락을 받은 지 열흘이 지났다. 부산에서 마산행 시외버스를 탔다. 마산에서 다시 시골로 가는 버스를 기다렸다.
 버스는 두 시간이 지난 뒤에야 도착했다. 설렜던 마음이 몇 번 곤두박질 쳤지만 어둡기 전에 할머니를 만날 수 있어서 다행이었다. 낯익은 동네가 나오면 반가웠다. 또 다른 이웃 동네가 스치면 눈물이 났다. 설렘과 반가움이 범벅되어 눈물은 어느새 형체도 없이 사라졌다.
 큰길엔 이미 어둠살이 내렸다. 마을엔 저녁밥 짓는 연기도 하늘로 스며든 뒤였다. 할머니는 이불속에서 명주목도리를 두르고 아기처럼 누워계셨다. 콧물이 나면 내목에 감아주던 수건이었다. 머리맡에 흰죽 반 그릇이 비죽거렸다. 이젠 죽 조차도 못 드시는 걸까. 뼈만 남은 어깨를 만졌다. 기척이 없어 몇 번을 흔들어 깨웠다. 손나발을 귀에 대고 크게 불렀더니 그때서야 움찔했다.
"할매, 할매!"
"누고, 눈기요?"
"할매, 내다."
"니가 우째왔노, 공부안하고."
할머니는 내 목소리를 금방 알아들었다. 나는 카스테라를 조금 뜯어 입에 넣어드렸다. 오물오물로 한 개를 다 드셨다. 얼마나 지났을까. 영양제를 맞은 듯 얼굴에 화색이 돌았다.
"인자 눈이 반히 뜨인다."
"맛있재?"
"맛있다."
할머니 뺨에 눈물이 주르륵 타고 내렸다. 살점이라곤 없는 볼에 눈물이 고였다. 내 이마로 할머니의 눈을 지그시 눌렀다. 되었다거나 귀찮다거나 그런 말조차 잊었는지 그냥 조용했다. 스물네 시간이 부족하도록 쏟아낸 잔소리, 그 많던 단어는 할머니의 몸 어느 구석에 앉아 나를 지켜보고 있을까.
"다음 주에 또 사오께, 할매 죽지마라."
"알았다."
할머니는 일어나려고 애를 쓰다 이내 포기하셨다. 그래도 부드러운 카스테라 한 개가 목을 트이게 하고 눈을 뜨게 만들었다. 할머니의 다리를 만지고 쓰다듬었다. 뼈와 가죽만 남았다. 탄탄했던 종아리의 힘은 어디에도 없었다. 식구들 먹이기 위해 칠원장을 돌며 살 지운 근육은 마루에서 부엌으로 바삐 오르내렸던 그 어느 곳에 저장해 두었을까.

나는 할머니 곁에서 하룻밤을 보냈다. 이미 다 커서 혼자서도 꿋꿋이 살 나인데 진정 기대고 싶었던 품이었다. 앙상한 손을 만지고 손가락을 걸고, 밤마실 따라갔던 지서 앞 할매집을 떠 올리며 건밤을 밝혔다.

할머니는 나를 살뜰히 품었다. 일찍 엄마 잃은 손녀가 방황하는 모습에 선한 말로 달래다 안 되면 밀쳐냈다. 눈은 충혈 될 때가 많았다. 모진 말에 엉켜 실핏줄이 자주 터졌다. 그것도 모자라 긴 목에 푸른 핏줄을 세웠다. 화를 가라앉혀 혀를 차기도 하고 머리를 쓰다듬다가 결국 같이 울었다. 그런 세월 속에서 나는 이만큼 자랐다. 카스테라 한 개에 눈이 뜨인다는 할머니 곁에서 삶을 보았고 죽엄을 읽었다. 고치에 들앉은 누에처럼 이불에 싸여 숙면에 들었다. '이러다가 사라질 것이다.' 나는 마음이 조급해졌다. 성공한 모습을 보여드려야 되는데 내 뜻대로 세상이 돌아갈지 의문이었다.

나는 부산으로 돌아와 열심히 살았다. 할머니를 생각해서라도 그렇게 살아야 한다고 다짐을 했다. 그 속에서 해가 지고 달이 떴다. 짧은 한 주였지만 신나게 종종거리며 잔도 같은 길에서도 종횡무진 할 수 있는 힘이 생겼다.

할머니의 부음을 받았다. 이미 장례는 치렀지만 탈상 전이었다. 카스테라 두 개를 샀다. 한 개는 빈소에 놓고 또 한 개는 손수건에 싸서 저승 가는 길에 드시길 바라는 마음에서였다. 버스에서 내려 고갯길을 넘는데 할머니가 보였다. '인자 눈이 반히 뜨인다.' 마지막 말씀이 메아리처럼 들렸다.

가세가 기운 할머니의 자식들은 슬픔을 물고 장례를 치렀다. 빈소엔 상주의 곡소리도 통곡하는 사람도 없었다. 할머니를 모셨던 막내 삼촌이 상식을 올렸다. 향이 다 타면 다시 꽂아놓고 정성을 다했다.

탈상 날이었다. 저승이 이승의 할머니를 끌어당겼다. 저승의 완강한 힘에 못 이겨 향 연기를 타고 멀어졌다. '눈이 반히 뜨인다.' 환청도 함께 사라졌다. 할머니는 잘 계시는지 그 이후 한 번도 나를 찾아오지 않았다.

지난해엔 휴강이 길었다. 곳곳에서 폐강 소리가 자주 들렸다. 간헐적인 휴강 덕분에 고향 가는 횟수가 잦았다. 카스테라 몇 통을 싣고 받는 사람도 잘 모를 인연을 찾아 다녔다. 이미 떠났거나 요양병원에서 안면도 없는 아는 사람이 기억속의 이름만 달고 누워 있었다. 당신은 어린 내게 누구였다고 설명할 길이 없어 카스테라만 놓고 나왔다.

 할머니와 손잡고 갔던 장춘사에 들렀다. "할매, 여기는 장춘사다, 알겠재." 하늘에다 대고 큰소리로 말했다. 할머니는 부처님 앞에 놓인 카스테라를 오늘밤 마실 나와 맛있게 드실 것이다.

폭망은 없다

섣달 초하루부터 새벽기도를 하자고 벼른다. 즐기는 여행도 새벽에 떠난다면 다음으로 미루는데 구운 밤톨에 새싹이 날 일이다.
세상일은 마음먹기에 달렸다. 작정한 그 날부터 희붐한 새벽에 일어나 암자에 올랐다. 천천히 걷다가 빠르게 걷기를 되풀이하며 앞만 보고 걸었다. 뺨이 얼얼한가 하면 어느새 이마에 땀이 맺혔다. 열흘이 지났을 무렵에야 겨우 주변을 돌아볼 여유가 생겼다.
우리 집 근처에 청년 둘이 채소가게를 열었다. 맞은편 알뜰채소가게 사장이 혀를 찬다. 오가는 사람들은 한정되어 있는데…. 오늘내일이 살얼음판이다. 우려한 대로 일 년도 채 못가 문을 닫았다. '사업을 벌였으면 삼 년은 버티어봐야지.' 혼자 중얼거린다.
요즘 젊은이들은 계산이 빠르다. 아니다 싶으면 포기도 잘 하고 들인 밑천에 끌려 다니지 않는다. 유리창에 인사말이 붙어있다. '주민여러분, 폭망했지만 인생 공부 잘 하고 갑니다. 고맙습니다.' 폭삭 망하고 떠나면서 인생 공부 잘 했다니 시쳇말로 레알

짱이다. 세상을 탓하거나 누구를 원망하는 구석이 없다. 벙글대며 손님을 맞이하던 얼굴이 스친다.
 우리는 재산을 잃고 사람마저 떠나면 그 집안이 '폭삭 망했다.'고 말한다. 어릴 때 우리 집이 그런 상황이었다. 갑자기 어머니가 돌아가시자 어린 나를 보는 사람마다 혀를 찼다. '너거 집은 인자 폭삭 망했다.' 어른들은 왜 내게 그런 말을 했을까. 그렇기 때문에 굳세게 살아야 한다는 뜻이었겠지만 오랫동안 상처로 남았다. 마음의 상처는 존재를 송두리째 할퀸다. '그랬으니 어쩌라고!' 치솟는 울분에 반항 한 번 못했는데 병원엔 불이 꺼졌고 아버지는 갈피를 잡지 못했다. 누가 봐도 일어설 구석은 보이지 않았다.
 가장이 겪는 '폭망' 다음단계는 낭떠러지다. 지푸라기라도 잡기위해 친척을 찾아가지만 헛수고다. 당신 덕분에 밥 먹고 산다던 사람들은 찾아올까봐 자리를 피한다. 어려울수록 돕고 살아야 된다는 말은 허울 뿐, 그게 어린 날 겪었던 피붙이의 현실이다. 나는 흘릴 말에도 영혼이 있다고 생각해 부정적인 말은 금기어로 묶어둔다. 그런 일이 닥쳐도 에둘러 표현한다. 20대 청년들은 '나는 망했다.'를 방까지 붙여도 하나를 건져 고맙다니 툭툭 털고 새로운 사업에 뛰어들지 싶다.
 새벽에 암자를 찾는 사람은 의외로 많다. 겨울 산의 부스럭거림에 귀를 씻는다. 묵언으로 걷다가 범어사 조금 못미처 이쪽저쪽으로 나뉜다. 일주문에서 또 가는 길이 엇갈린다. 마음은 일념일 텐데 향하는 곳은 모두 다르다.

  지팡이를 짚고 절뚝거리며 올라오는 보살을 만났다. 오른쪽 손발이 굳어 한 걸음 떼는 일에도 안간힘을 쓴다. 위태롭다. 저렇게 걸어서 어디로 가는 걸까. 못 본 척 하지만 자꾸 신경이 쓰인다. 그는 쓰러질 듯하면서도 중심을 놓치지 않는다. 다행이다.

  오늘은 너럭바위가 법당이다. 처처에 부처가 있다 했으니 걸릴 것도 없다. 먼동이 법문으로 들어앉는다. 햇귀는 얼굴을 쓰다듬더니 목덜미를 타고 전신을 파고든다. 새벽 적막에 얼었던 몸과 마음이 빗장을 푼다.

  몰입하던 염불은 이내 방향을 튼다. 미운사람에게 꽂히다가 그가 살고 있는 지명이 찰나에 들어선다. 원망은 아귀 맞춰 찾아온다더니 앙금이 남아있던 장소와 사건도 지지 않을 기세로 나를 덮친다. 빛보다 빠르다. 대리석에 둘러싸여 틈 하나 보이지 않던 사건은 회오리바람으로 몰아친다. 이끼처럼 붙어있던 몸에 한기가 엄습한다. 한겨울을 녹이던 해도 갈등하는 나를 더 이상 온기로 감싸지 못한다.

  지팡이의 울림이 둔탁하다. 바위에 부딪쳐 내는 소리가 범어사를 휘둘러 골짜기에 잠긴다. 그가 옮겨놓는 발걸음 간격에 신경이 쓰인다. 멈추다 이어가고 바들거리다 겨우 바윗돌을 건넌다.

저러다 넘어지면 어쩌지, 줄곧 그 생각에 다리가 뻣뻣하다.

대웅전에 앉아 금강경을 펼친다. 몇 독을 마쳤으나 보살은 보이지 않는다. 만나자는 말이 없었지만 혼자 기다린다. 방석 정리를 하고 절 마당에 내려선다. 그는 이마에 흐르는 땀을 입으로 불며 마당을 돌고 있다. 지팡이를 짚고 걷는 모습에 결기가 파장을 일으킨다. 생략했던 탑돌이를 연거푸 해도 쉬지 않는다. 바위를 딛고 걸을 때나 지금이나 흔들리고 떠는 것은 마찬가지다. '이것쯤이야 문제도 아니다.' 몸은 그렇게 말하고 있다. 미세하게 떨던 다리는 불안해서라기보다 살아있는 증거다. 나는 표표히 내려와 바위를 건너뛴다.

바윗길 위에 서 있다. 그는 암자 초입에서 지팡이로 바위를 치며 발걸음을 옮긴다. 사람은 보이지 않고 소리만 자주 들린다. 기분 좋은 공명이다. 낯선 울림이 새벽을 두드린다. 곧이어 나처럼 절 마당에 들어설 것이다.

요사 채 쪽마루에 걸터앉는다. 그도 나란히 앉아 흰둥이를 쓰다듬는다. 같은 암자를 찾아왔다는 것만으로 마음을 포갠다. "가족은요." "잊었습니다. 그놈 만나 내 인생 폭삭 망했지요." 어눌한 말씨가 크게 들린다. 부모 형제, 아내와 남편 사이, 얼마나 넓은 틈이 생겼으면 잊었다고 하는지. 그 남자는 걸음도 시원찮은 아내를 두고 어딜 갔을까. 누가 누구를 망하게 했을까. 재물이 가고 사람이 떠나고, 분노가 들끓으면 몸도 굳는다. 나는 의수 같은 그의 손을 잡는다. 어느 누군들 불행을 원하랴. 한줄기 빛을 따라 몽니부린 비곤한 역사가 꿈틀댄다.

섣달그믐 언저리에서 그는 다시 오지 않았다. 팔다리에 힘이 생겼거나 원망하는 마음이 가벼워졌거나 둘 중 하나일 것이다. 한 달을 채운 내 새벽기도는 끝났지만 분별없이 널렸던 집착은 그대로였다.

폭망은 누구에게나 올수 있다. 겁 없이 찾아와 삶에 환칠을 한다. 땀으로 엮었든 피로 세운 역사든 가리지 않고 무너뜨린다. 결국은 삶 전체를 뒤흔든다. 그럴 때는 물먹은 먼지처럼 엎드려야 한다. 낮은 곳에서는 헌헌장부인양 당당히 들어서는 절망조차 희망에 섞인다. 어린 자식 두고 죽고 싶어 죽은 부모가 어디 있을까. 드디어 폭망의 기억을 풍장으로 치른다.

탈출구

　박 시인 집에 들렀다. 새 집으로 이사했다는 핑계를 대며 만날 이유를 만들었다. 그렇지 않아도 얼굴 본 지 오래되어 안부도 궁금했다. 전화로 하자고 치부했으나 만나야 된다고 억지를 부렸다.
　새로 지은 아파트라 입구부터 깔끔했다. 박 시인은 다리가 아파 계단 오르내리기가 힘들었는데 23층이지만 승강기가 있어서 수월하다고 만족한 표정을 지었다. 나도 "좋네요, 참 좋네요." 연발하며 그의 설명을 들었다.
　안방도 거실도 화사한 봄이다. 그 많던 책을 어떻게 처리했는지 시집 몇 권만 쌓여있다. 오래된 가구는 다 버렸나, 묵은 짐이 없어 내 마음도 봄날이다. 얼마가 지났을까. 비상벨이 요란하게 울린다. "불이 났나 봐요, 엘리베이트 타지 말고 계단으로 뜁시다." 박시인의 다급한 목소리다. 벌써 눈앞에 허연 연기가 스멀거린다. 나는 가방을 들고 계단을 탄다.

앞서 간 박 시인은 빠르기도 하다. 벌써 몇 층을 내려갔는지 '빨리, 빨리' 숨넘어가는 소리만 들린다. 비상벨은 끝없이 울린다. 위층에서 내려오는 몇 사람들이 다람쥐처럼 휙휙 난다.

나는 어지러워 돌아가는 계단에서 멈추었다. 다시 정신을 차리고 한 계단 한 계단을 짚었다. 그래도 입구는 멀었다. 뒤에서 뛰어오던 젊은이가 나를 부축했다. "저랑 천천히 가셔요, 새 아파트라 비상벨이 오작동 된 것 같아요. 그래도 모르니…." 그러고 보니 연기도 없다. 불이 났다면 벌써 화염에 질식할 시간이었다. 나는 먼저 가라고 손을 저었다.

박 시인은 혼자 애를 태우다 나를 반긴다. 별일 없어 다행이다. 주민들이 모여 비상벨을 정지시키라고 소란을 피운다. 정작 책임자는 보이지 않고 떠드는 소리만 부산하다. 나를 도와준 젊은이는 보이지 않는다.

인사도 못하고 아파트를 빠져나왔다. 한참을 나와 현장을 돌아봤다. 비상 탈출구는 까마득한 하늘에 걸려있다. 보기만 해도 어지럽다. 용케 탈출구를 찾았다 해도 저 높은 계단에 매달려 어찌 내려올까. 그때서야 다리가 후들거렸다.

온천천을 걸어 집으로 왔다. 대문을 열고 마당을 밟았다. 편안했다. 꽃밭 옆 의자에 앉아 안도의 숨을 내쉬었다. 나를 부축해준 젊은이에게 고맙다는 말을 전해달라고 박 시인에게 문자를 보냈다. 그는 내가 믿고 내려 올 수 있는 온전한 탈출구였다.

　벤자민 나무 옆에 빨간 우체통을 두었다. 몇 년 동안 먼지를 닦으며 원고를 넣던 두근거리는 마음을 손으로 짚었다. 밤 새워 글을 다듬어 총총히 대문 밖을 나가 우체국으로 향하던 나를 만났다.

　원고지 스무 장을 머금은 하얀 봉투는 산달에 가까웠다. 몇 번이나 쓰다듬어 숨을 죽여야만 겨우 입을 다물었다. 우표를 붙여 보낸 그날부터 새 생명이 태어나길 얼마나 기다렸던가.

　세상이 달라져 편지를 붙여야 하는 일이 장마에 수더분한 보름달 보기보다 더 귀했다. 우체통은 비가 오거나 바람이 불면 편지를 기다리다 시야가 흐려지곤 했다. 세상물정 모른다고 입을 삐죽 물고 잘난 사람만 득실대는 세상이라고 툴툴거렸다.

　흐르는 시간에 점점이 박힌 역사가 토막 난 순간을 이어 준 적이 있다. 빨간 우체통에 누군가가 편지를 넣어두었다. 이미 십여 년이 지난 편지였다. '잘 쉬었다 간다.'는 문장이 오래전 어느 하루로 되돌려 놓았다. 우리 집을 다녀간 누군가가 장난삼아 그랬거나 쓰레기통을 찾지 못해 쑤셔 넣었는지 모르지만 나는 참 이상했다. 잠시나마 어느 한 사람을 쉬게 한 것이라고 단정 지으며 시름을 날렸다.

　한동안 우체통을 바라보면서 오만가지 생각에 사로잡혔다. 어느 날은 귀하디귀한 물건으로 보이다가 또 어느 날은 아름다운가게에 보내자고 비닐봉지에 처박아두기도 했다. 그래도 미련이 있어 미적거렸다. '사람도 죽으면 갖다 버리는데'에 머물자 버리지 못할 것은 아무것도 없었다.

  며칠을 마당에서 서성거렸다. 사람의 생각은 믿을 것이 못 되었다. 검은 비닐봉지에서 삐죽 나온 우체통을 발견했다. 흑과 적의 만남이 그리 아름다울 수 없었다. 얼른 집어 벤자민 나무 옆에 다시 세웠다. 몇 번이나 채인 발길에 상처는 덧나도 이만큼 살았으니 다 안다는 내 건방진 삶 한 자락의 피난처로 버젓이 앉아있다. 가끔은 세상이 암울하거나 희망이 전혀 보이지 않을 때도 있다. 그럴 때마다 나를 부축하던 젊은이와 우체통이 비상 탈출구로 품을 연다.

청량이 이야기

　비 오는 날 늦은 밤이었다. 유리지붕을 세차게 두드리는 빗소리를 들으며 보혜스님의 시집『바람이 전하는 말』을 펼쳤다. 바람은 스님에게 무슨 말을 전할까. 바람이 건네는 말을 어떻게 풀어 독자에게 들려줄까. 혼자 중얼거리며 표지의 갈대에 안부를 물었다.
　첫 장을 열었다. 서문을 읽고 밤바다를 지나 '가을이 오는 소리'를 입에 넣어 오물거렸다. 묵은 인연에 대한 그리움을 옴씹는 시간이 길어졌다.

　'정이 익어가는/ 소리에/ 가을이 들어섭니다// 늦더위 폭염에/ 지친 잎들은/ 시공 속에 물이 들고// 오랜 세월 묵은/ 애틋한 인연들/ 갈바람에 퇴색되어// 마음 골에 쌓인/ 그리움도/ 애잔하게 단풍듭니다'

정이 익어가는 소리에 가을이 들어선다. 갈바람에 퇴색된 인연들과 마음 골에 쌓인 그리움이 애잔하게 물든 게 스님이 느낀 가을이 오는 소리다.

고개를 끄덕이며 빗길을 하염없이 걸었다. 비 오는 청량사와 토굴의 빗소리를 건너 '바람이 전하는 말'에 닿았다. 길 떠난 나그네에게 바람이 전하는 말을 허공 속에 답해달라고 여운을 남겼다. 스님의 사유는 깊었다. 생각과 말을 아끼며『바람이 전하는 말』마지막 6부에 실린 '보고픈 청량이'를 만나게 해 주었다.

비는 여전히 내리고 빗소리는 더욱 크게 들렸다. 옥상에 심어놓고 미처 거두지 못한 옥수숫대도 때를 만난 듯 서걱거렸다. 청량이는 누굴까. '누굴까'에 끌려 '보고픈 청량이'를 소리 내어 읽었다.

'잠은 안 오고/ 서러움이 밀려온다// 보고 싶다/ 그리움으로 얼룩진 마음/ 어찌 해야 하나// 청량이는 괜찮을까/ 잘 참았지만/ 오늘은 힘들다// 뒤척이는 새벽/ 보고 싶은 걸/ 숨길수가 없다// 가슴이 아린다/ 시린 마음이 아프다/ 이 밤/ 눈물로 얼룩진다// 보고 싶다…'

스님이 이토록 간절하게 그리워하는데 그는 어디에 있어서 만나지 못하는가 싶었다. 이어서 시詩, 청량아를 읽고 청량처사에 시선이 멈추었다. 동고동락했던 의리의 상남자가 청량처사였다. 스님 곁을 지켜주며 힘들 때마다 위안이 되어주던 남자다운 남자가 수술대 위에 누웠단다. 스님은 생의 한 귀퉁이를 떼어줘도 아깝지 않을 거라고 단정 지었다. 안타까움과 그리움은 독자에게 고스란히 전이되었다. 나는 곳곳을 헤매다 애잔함에 묶여 애를 태운 얄미운 그를 찾기 시작했다. 다시 시詩, 청량이, 대기실에서, 빈손에서도 궁금증이 풀리지 않았다. 업장소멸에 시선이 꽂혔다.

　청량이가 대수술을 받는 날이었다. 간에 붙은 큰 종양이 터지면 위험하다는 의사의 진단을 받았다. 작은 몸뚱이에 붙은 업장은 스님이 대신 짊어지고 싶었고 긴 세월 마음의 상처 고스란히 함께 했던 내 생애 최고의 '반려견'이었다는 것을 비로소 알게 되었다. 반려견, 간암에 걸린 개, 누구나 한 번 쯤은 키워봤을 개 이름이었다. 스님은 청량이를 살리기 위해 안간힘을 썼다. 살아만 달라고 일심으로 기도하는 모습이 떠올랐다. 수술이 끝나고 악성 종양이라고 말하는 의사가 마냥 서운했지만 지독한 아픔엔 소리조차 없다. 일주일 후에 나올 결과를 기다리며 발길을 돌렸다. 시詩 속의 청량이는 여전히 병원에 누워 앓고 있다.

　그리움의 존재가 누굴까에서 청량이는 살아 있을까에 마음이 동했다. 의술이 좋다 해도 이정도의 큰 병이면 죽을 수밖에 없다.

나는 키우던 고양이를 속수무책으로 보낸 경험이 있었다. 꾹꾹 소리 내며 엎드려 있다가 서서히 숨이 멎는 생명을 붙들지 못했다. 허망하기 이를 데 없었다. 의사는 원인을 알 수 없다고 안정이 되는 주사 한 대로 끝냈다. 동병상련이랄까. 시집을 덮으며 스님께 문자를 보냈다.

'청량이를 읽다가 스님을 떠올립니다. 수술 받은 청량이는 어떻게 되었습니까. 다음 생에 한 번 더 만나고 싶은 소중하고 귀한 인연, 이 생의 만남은 필연이었다니 꼭 그리되시길 바랍니다.'

답이 왔다.

'청량이는 고비를 잘 넘겨 살아 있구요, 수술이후에 정기검진으로 관리 받으며 잘 지내고 있습니다.'

2019년 11월 17일 오후 11시 52분이었다. 어느새 빗소리는 잦아들었다. 서걱거리던 옥수숫대도 소리를 죽였다. 말 못하는 짐승이 그 고통 잘 참아내어 살아 있다니, 나는 따뜻한 청량이 이야기를 품고 곤히 잠들 수 있었다.

헛배

서울 가는 발길이 천근만근이다. 마음을 아무리 다잡아도 어쩔 수 없다. 이십대에 삶을 접다니, 아침마저 굶었고 좋아하던 커피도 쓴맛 일색이다.

나이 들면 형제자매도 조금 씩 거리를 두어야 한다. 형제간의 다툼은 칼로 물 베기라는데 어찌 된 셈인지 수십 년 전 앙금이 소중한 혈육을 야금야금 파먹는다. 그래도 다행인 것은 서로 안부조차 없다가도 큰일이 닥치면 모여 웅성거린다. 일말의 체면에 등 돌리지 못하고 민망하면 슬쩍 자리를 피한다. 허둥대는 마음을 붙잡고 애꿎은 휴대폰 화면에 시선을 꽂는다. 벌레 먹은 핏줄이 수시로 흔들린다. 이게 눈앞에 있는 우리의 혈육이다.

청년의 목에 피멍이 짙다. 꺾인 목숨이 안타까워 부른 헛배만 쓸어내린다. 배고픈 시절도 아니고 마음만 먹으면 원하는 것을 이룰 수 있는 세상에서 어른들이 알지 못한 아픔이 무엇이었을까. 죽을 요량이면 발악이라도 한 번 해보지, 마음에 묻어 둔 생각은 결코 햇빛을 보지 못한다. 입을 다물고 묵묵히 흐르는 시간만 지켜본다.

스무 살 무렵에 나도 많이 아팠다. 몸이 아팠다기보다 마음 둘 곳이 없었다. 눈을 떠도 감아도 우울했다. 녀석은 내 그림자도 놓치지 않고 칭얼거렸다. 방안이든 도서관이든 발붙이는 곳마다 따라다녔다. 기댈 곳이 없다고 스스로 단정 짓고는 분신만큼 사랑했다.

우울증과 잠시 멀어진 것은 친척 아주머니를 만나고 난 뒤부터였다. 그 집엔 지능이 낮은 막내딸이 있었다. 나보다 서너 살 어렸지만 혼자 둘 수 없는 처지였다. 특수학교에 다녀온 뒤 몇 시간 동안 돌봐주는 일인데 그냥 같이 노는 것이었다. 넓은 거실에서 주인의 일거수일투족을 지켜보는 모란앵무새 한 쌍도 심리치료 선생이었다. 밖에서 어눌하다고 손가락질 받았던 서러움을 앵무새에게 들려주면 '그래에, 그래에'로 답했다. 나는 간간이 책을 읽어주고 받아쓰기도 하면서 얹혀살았다.

아주머니는 꼭 오래 맡아달라는 청을 했다. 선생이 자주 드나들었다는 뜻이 담긴 말이었다. 무슨 문제가 있는 것일까. 일반 과외 선생보다 월급이 많았고 명절엔 상여금까지 챙겨주는, 내겐 화수분 같은 자리였다. 사람에게 지치면 앵무새가 나를 위로 했다. 우울하다거나 살맛이 나지 않는다거나 그럴 틈이 없었다.

한 해가 순조롭게 흘렀다. 초겨울 저녁 무렵, 정원에 나뭇잎이 떨어지고 벌레 먹은 모과가 여기저기 나뒹굴었다. 노란색깔이 암갈색으로 변해도 모양이 일그러지지 않았다. 꼿꼿하게 자존심을 세워 제 몸으로 익힌 향기를 날리느라 바지런을 떨었다.

앵무새 한 마리가 원인도 없이 숨을 거두었다. 두어 달 뒤엔 잘 놀던 막내딸이 거품을 물고 쓰러졌다. 처음 겪는 일이라 불안에 떨었다. 다급해 소리를 질렀으나 어른들은 차분했다. 뻣뻣한 목을 받쳐주고 침을 닦으며 팔다리를 주물렀다.

얼마나 지났을까. 전복죽 두 그릇이 우리 앞에 놓였다. 막내딸은 내 몫까지 다 먹고는 아무렇지도 않은 듯 혼자 놀았다. 나는 헛배가 불러 밤새도록 잠을 설쳤다.

아주머니는 내게 값비싼 원피스를 사주었다. 막내딸이 간질을 앓고 있다는 것도 알게 되었다. 그동안 몇 번 더 무긴장발작 증세가 나타났다. 그럴 때마다 예쁜 얼굴을 쓰다듬으며 곧 좋아질 거라고 다독거렸다. 어떻게 하면 나을 수 있을까. 수십 년 앓고 있던 병인데 괜찮을 거라는 헛소리만 먼지처럼 떠다녔다. 두 끼를 굶어도 배가 고프지 않았다. 봄 날씨 같은 겨울에 찬 기운이 전신을 덮었다. 나는 오한에 못 이겨 자리에 눕고 말았다. 남아 있던 앵무새도 입을 다물었다. 집안은 삽시간에 생명 하나 품지 않는 늪이었다. 바닥을 타고 흐르던 암울한 파동은 오래 지속되었다.

겨울방학을 보내고 다시 밖으로 나왔다. 나는 값비싼 옷을 입고 멋을 부리거나 불로소득에 넘성거릴 위인이 못되었다. 산은 산이고 물은 물일 뿐 서로 섞일 수 없다는 것을 알게 되었다. 광복동 인파에도 나는 여전히 혼자였다. 한 살을 더 먹었으나 아팠던 스무 살이 목을 곤추 세웠다. 시간에 시간을 덧대었지만 깊은 상처를 과감하게 도려낼 날선 칼 하나 품지 못했다. 마음근육이 낡은 창문처럼 수시로 덜컹거렸다. 얼마나 많은 날을 죽음에 몰입했던가.

포장마차는 외로운 사람을 부른다. 내 집처럼 들앉아도 허물이 없다. 연기로 보낸 젊은이를 다독이지 못한 회한이 뒤따라 들어선다. 잘 묶인 포장을 바람이 흔들고 지나간다. 좀처럼 멈출 기세가 아니다.

수입 고등어 굽는 소리가 요란하다. 주인은 알맞은 시간에 당기고 밀어내며 노르웨이의 흔적을 지우고 제주도를 입힌다. 푸른 등을 뒤집는 손놀림은 검푸른 바다의 과거와 현재를 버무려 원하는 액수의 지폐와 바꾼다. 넋 나간 생명도 저리 공들였다면 구할 수 있었을까.

꽉 찬 소주잔에 퍼렇게 멍든 청춘 하나가 활활 타오른다. 스멀스멀 기어든 우울을 밀어내지 못한 나이가 아깝다. 방황하는 그림자가 일렁이더니 벼랑 끝에서 날개를 접는다. 빠져나갈 길 하나 만들어 주지 못한 어른의 남루한 꼴도 죽음을 맞는다. 여전히 속은 비었고 헛배만 부르다.

힘의 과거

 등 뒤에서 거친 숨소리가 들렸다. 나도 숨을 몰아가며 범어사로 가는 오솔길을 걸었다. 곧이어 나를 따라잡을 기세였다. 잡히지 않으려고 팔을 휘저으며 올랐지만 얼마 못가 앞자리가 바뀌었다.
 그는 차림새부터 달랐다. 머리엔 띠를 두르고 레깅스를 신었다. 백팔계단에 이르렀다. 계단 두 개를 가볍게 건너뛰는데 젊음이 뿜뿜거렸다. 민소매를 입은 팔뚝에 기운이 넘쳤다. 나는 헐렁한 바지로 감싼 오종종한 다리를 툭툭 치며 물푸레 나뭇잎을 만졌다. 한 번만 꼬집어도 푸른 물이 묻어날 것 같았다. 여린 잎에 얼굴을 디밀었다. 뒤처진 자의 여유에 갈맷빛이 전신을 감쌌다.
 발걸음이 느렸다. 마음도 느슨해졌다. 겨루기에서 밀려난 자의 비애랄까. 삼박하게 뛰던 맥이 죽 빠졌다. '나도 전엔 그랬어.' 터벅터벅 걸으며 흙냄새를 맡았다. 덕분에 신열에 들뜬 파란 수국꽃을 보았고 그늘에 숨어있는 고양이도 만났다. 다람쥐는 꼬리를 치켜들고 스쳐갔다. 곳곳에서 숲에 기대고 사는 생명이 눈에 들어왔다. 모두 저리도 열심히 살고 있다니, 순간 목이 멨다.

그는 중간 쉼터에서 계곡을 바라보고 있었다. 꿈틀거렸던 팔뚝은 조용했다. 팔짱을 끼고 섰는데 머리띠만 없었다면 다른 사람인줄 알았을 것이다. 나는 계곡 아래로 눈길을 돌렸다. 이끼에 덮인 바위가 섬처럼 누웠다. 나무그늘에 가려 응어리 된 시간을 풀어내기 좋은 곳, 넝마 같은 과거나 그리움과 범벅된 간절한 기다림도 꽃으로 피워내기에 알맞은 장소였다. 생명이 또 다른 생명을 붙들고 서로를 달랬다. 그의 시선은 여전히 계곡에 머물렀다. 내가 정탐할 정靖을 품었다면 그는 편안한 정偵으로 고요히 앉아 있었다. 정靖이나 정偵이나 이 시간 힘의 차이는 마음으로만 잴 수 있는 숫자일 뿐이었다.

주차장 조금 지나 길옆 블루마운틴에서 냉커피를 마신다. 목요일 늦은 밤, 글공부를 마친 벗들이 즐겨 찾는 어묵트럭이다. 창궐하는 전염병에 발목 잡혀 '고고한 달빛과 노닐며 어묵과 가래떡을 배부르게 먹었지.' 땡초와 어우러진 뜨거운 국물은 막걸리만큼 취기를 부른다. '오늘도 가버린 당신의 생각에, 눈물로 써내려 간 얼룩진 일기장에, 다시 못 올 그대모습 기다리는 사연…' 떼창으로 이어진 보랏빛 엽서의 사연은 애절하다. 저마다 가버린 당신을 품고 있는 눈치다. 나는 행복에 겨워 속울음을 달래고 달빛은 나뭇가지에 걸려 혀를 찬다.

그도 어묵 한 개를 먹고 차를 마신다. 순정소설을 품었던 곳일까. 가난한 학창시절을 소환해 수필로 물들이는 중일까. 찻잔에 머무는 시간이 사뭇 길다. 우리는 물푸레나무에 한눈을 팔든 단숨에 몇 계단을 훌쩍 뛰어 넘든 종착지는 블루마운틴이다. 헉헉거린 일상과 서글픈 진통도 결국 정점에서 소멸한다.

이젠 내가 앞자리에 서서 걷는다. 빠른 걸음은 과거와 현재를 보기 좋게 밀어낸다. 오를 때 보다 숨도 차지 않는다. 내려가는 길에 전력을 다한다. 손에 움켜진 모래알처럼 빠져나간 힘을 끌어당기기 위해 두 다리를 쭉쭉 뻗는다. 그까짓 세월쯤이야 한방에 날릴 기세다. 목을 휙 돌렸더니 힘줄이 놀라 경련을 일으킨다. 급브레이크에 멈추지 못한 끼의 맥박도 숨고르기를 한다. 과유불급이랄까, 목곧이가 된 목을 추스르느라 발걸음이 배를 뒤집는다.

나는 다시 뒤에 선다. 체력이 달린다고 안달할 일도 아니다. 삐끗하면 그 자리는 내 것이 될 수도 있다. 그의 뒤태를 보며 허리를 굽힌다. 흔들리지 않는 자신감이 다리를 떠받치고 있다. 힘이란 것, 언제든지 빠져나갈 궁리를 하고 있지만 그걸 붙잡기 위해 몸은 갈지자로 역행한다. 내가 쏟은 열정과 흥정을 하며 손아귀에 들지 않으려고 버둥거린다. 몇 번쯤은 어긋나고 삐걱거리다 겨우 제자리를 찾는다.

어느새 내 앞엔 아무도 보이지 않는다. 곧이어 땅거미가 내릴 테고 삶이 끝나는 지점도 눈에 어른거린다. 사라지는 것은 권력과 근력을 안고 유유히 떠난다. 생명을 다한 시간의 잔재도 서둘러 합류한다.

근력이 빠져나간 자리엔 과거의 화려한 허명이 우수수 내려앉는다. 흘러간 어제나 넘치던 활력의 지저깨비도 수북이 쌓여 침묵을 지킨다. 그래도 힘은 늡늡하다. 안주하던 실체에 대한 미련 없이 당당하고 능준하다. 제집을 버리고 떠나는데도 결코 돌아보지 않는다. 눈 맞출 기색 없이 수십만 개의 먼지가 되어 땅속으로 스민다. 나도 저러면 얼마나 근사할까.

세상일은 열망한다고 이루어지는 게 아니다. 붙잡는다고 다 내 곁에 머무르지도 않는다. '나는 뻣뻣한 너를 부드럽게 하는 천하의 명검이다.' 힘의 과거는 얄밉도록 너스레를 떨며 손을 흔든다.

7년 사진첩

 오랜만에 극락암에 들어선다. 홍교가 떠받든 하늘에 그믐달도 괄호를 열고 우리를 반긴다. 새벽이슬을 머금고 달려온 달, 해가 뜨기 전 동쪽 하늘에 잠깐 나타났다 날이 밝으면 이내 사라질 운명이지만 희붐한 주변과 어우러져 이보다 더 신비로울 수 없다.
 그도 영락없는 그믐달이다. 낮엔 동굴 같은 곳에서 일하다 일과를 마치고 백리를 달려와 새벽녘에야 극락암에 든다. 홍교에 앉아 숨을 돌린다. 벚나무 사이로 갈바람이 지나간다. 반갑다. 풍경 소리도 가랑거린다. 대구에서 부산까지, 부산에서 나와 만나 통도사를 지나 깊숙이 들앉은 여기에 앉아있다.
 잠자든 잉어가 술렁인다. 먹이를 찾아 주둥이를 꼿꼿하게 세우면 적막 했던 영지는 활기를 되찾는다. 작은 수련은 빛처럼 섬세하게, 큰 연잎은 점잔은 후박 나뭇잎 손짓으로 우리를 기꺼이 맞는다.
 세상이 좋아져도 자식을 잘 키우기는 만만하지 않다. 그는 아들

하나 법관 만들겠다고 원을 세웠다. 기도가 부족했을까. 아들은 연달아 시험에 떨어지더니 가방하나 들고 어디론가 숨어버렸다. 연락이 닿지 않아 애를 태웠다. 꿈속에 나타난 부처님 말씀이 무슨 절에 가서 기도하라는데 어느 질인지 알 수 없다고 나를 찾아왔다. '기왕이면 확실하게 말씀하시지…', 나오려던 투정은 그의 비장한 표정에 눌려 입안에서 사그라졌다.

범어사 몇 바퀴를 돌았다. 주변 암자를 찾아다녀도 꿈에 본 분위기가 아니라고 고개를 저었다. 우리는 한 달을 줄곧 헤매고 다녔다. 시간만 나면 그럴듯한 암자를 찾아 분위기를 살폈다. 현물이 눈에 보이는 것도 아니고 꿈에 의지한 그의 설명에 안타까움만 더했다. '계곡도 지나고 다리도 있었는데, 벚나무 소나무도 울창했는데, 이곳도, 또 이곳도 아니다.' 계곡을 끼고 다리가 있는 절이 한두 개가 아니었다. 소나무와 벚나무가 없는 절은 더 귀했다. 짐작으로 그린 그림을 그려 들고 다녔지만 명사십리에서 바늘 찾기였다. 불국사를 거쳐 운문사와 사리암을 다녀온 이후 나는 그냥 접자고 했다. 어디인들 정성을 다하면 기도를 들어주지 않을 부처님은 없다고 윽박질렀다.

그는 다시 운전대에 힘을 주었다. 통도사 주변 암자를 돌다가 극락암 입구에서 멈췄다. "이곳이다. 어쩜 이렇게도…." 그믐달이 서서히 사라질 무렵이었다. 아침 햇살은 달을 삼키고 홍교를 비추었다. 그는 나를 붙들고 나무처럼 서 있었다.

극락암 기도는 7년 동안 이어졌다. 첫 해는 휘몰이와 소낙비처럼 다녔다. 둘이 가다 혼자 가다를 거듭한 시간은 웃음만개였다. 세찬 바람이 불어 오늘은 쉬자고 꼬드기면 용수철처럼 튀어 올라 집 앞에 와 있으니 빨리 나오라고, 잡념을 몰아내는 유일한 방법이라고 너스레를 떨었다. 두 해, 서너 해, 기념으로 남겼던 사진 몇 장은 '여전히 청춘입니다.'로 화답했다.

우리는 벌써 6년을 건너 7년을 향해 달렸다. 7년차 4월, 초췌한 모습의 사진이 휴대폰 화면 가득했다. 홍교를 건너며 극락 간다고 활짝 웃던 모습은 근심에 차 있다. 사라지는 그믐달을 보며 잘 가라고 손 흔들던 우리는 퀭한 눈으로 마주보고 섰다. 만개한 벚꽃은 왜 그리도 슬픈지, 꽃 몸살을 앓던 나는 스스로 꽁무니 뺄 이유를 찾느라 미적거렸다.

기도의 무게가 천근만근이다. 어디가 막혀 통하지 않을까. '내 기도가 부족한가봐.' 중얼거리는 그의 소리가 집까지 따라온다. 기쁜 소식이 올 때가 되었는데 그는 여전히 잠잠하다. 끝내는 혼자 달려가 기도에 몰입한다.

삼소三笑굴 툇마루에 앉아 경봉 스님을 떠올린다. 반세기 동안 수행승을 지도했던 곳이다. 경봉스님께 시자스님이 물었다. '스님 뵙고 싶을 때는 어찌해야 합니까.' '야반삼경夜半三更에 문빗장을 만져 보거라.' 왜 하필 야반삼경에 대문빗장을 만져 보라 하셨을까. 중생이 그 큰 뜻을 알고 모르고는 다음 문제다. 우리는 득도의 기쁨에 문을 박차고 나와 춤으로 현현한 스님과 마주하고 있다. 우리도 그리 될 것이라는 믿음이 주변을 감싼다. 한밤중의 호쾌대활好快大活이다. 어디에서든 쾌활하고 활기찬 생활을 강조한 스님의 말씀 덕분에 그 힘난한 고비를 잘 넘어왔다.

그믐달을 하염없이 쳐다보고 있다. 보름달만큼 긴 시간을 하늘에 떠 있는 것도 아닌데, 잠시 머물다 가기 위해 그 먼 거리를 달려오다니…. 그도 나도 동병상련에 눈시울이 젖는다.

그의 아들은 어머니의 간절한 기도를 받아먹고 법조인이 되었다. 흔하디흔한 게 변호사라고 말하지만 단지 말일 뿐이다. 그가 쏟아 부은 정성은 비바람 맞으며 오가던 극락암 7년 사진첩에 오롯이 남아있다. 1년, 2년, 3년…. 사진첩을 넘기는 손가락 끝이 마냥 뜨겁다.

3

여자도 가을에 운다

여자도 가을에 운다

금

낡은 비유

낯선 새벽

백수아재

벌집

아름다운 감옥

우우와 어버버

우리 할매

박희선 수필집

흙에 묻어온 휘파람 소리
도서출판 시로(1992년)

고독으로 가는 길은 어렵다
도서출판 해광(1998년)

그는 섬이 되어 있었다
도서출판 일광(2003년)

꽃이 말했다
도서출판 일광(2007년/2009년 재판)

환희로 살다
도서출판 해암(2012년)

아지트와 막걸리
도서출판 해암(2016년)

수필, 찬란한 슬픔 덩어리 (수필선집)
도서출판 해암(2018년)

달개집 서사
도서출판 해암(2023년)

여자도 가을에 운다

열흘에 서너 번은 범어사로 가는 오솔길을 걷는다. 처음엔 바쁜 걸음으로 내 달리다 계곡을 만나면 천천히 오른다. 숲 기운을 받을 요량으로 오롯이 이 시간에 몰입한다. 마치 도를 닦듯 숨소리도 낮춘다.

가을비가 많이 내린 뒷날은 장백폭포 소리만큼 계곡물소리가 우렁차다. 묵언을 달면 돌 구르는 소리도 들린다. 원했던 변혁도 깊숙이 묻어야 미물의 기척을 감지하게 된다. 그러나 나는 그 경지엔 닿지 않아서 대성통곡을 부려놓아도 듣지 못한다. 어찌 보면 연암 선생이 말한 '통곡할 만한 자리'보다 더 나은 곳이라 체면 때문에 속 시원히 울지 못할 일은 없다.

중국을 여행하던 박지원이 요동 벌판에 이르렀다. 그 광활함을 목격하고는 통곡하기 좋은 자리라고 적어두었다. 막 태어난 아이가 우는 까닭은 좁은 곳에 있다가 넓은 세상에 나온 기쁨 때문이다. 그는 넓은 세상으로 나와 새로운 문물을 접한 기쁨이 극에 달

해도 통곡을 한다니 '통곡할 만한 자리'에서는 슬퍼야만 우는 일반적인 관념을 뒤집는다. 그런데도 나는 기쁠 때보다 억울한 일을 당했거나 보내고 싶지 않은 죽음 앞에서 남모르게 더 서럽게 운다.

　비탈진 언덕을 나무 사이로 비집고 내려간다. 부드러우면서도 콸콸대는 소리가 다른 소리를 잠재운다. 기쁜 일이든 슬픈 일이든 아무리 쏟아 부어도 휩쓸려 달아날 기세다. 가뭄에 꼿꼿이 서 있던 억새는 울음에 섞여 서걱거리다 몸을 눕힌다. 돌덩이에 눌린 밑 부분을 일으켜 세웠으나 물살 따라 잽싸게 엎드린다. 잠시 물굽이가 다른 길로 돌면 허리를 곧추 세웠다가 다시 한일자로 꺾는다. 살아남기 위한 최선의 몸부림이다. 이곳에서는 '나쁜 놈, 짐승보다 못한….' 더 심한 욕을 풀어놓아도 괜찮다. 그로 인해 삶이 시원해진다면 거둘 일만은 아니다.

　범어사 계곡은 골이 깊을수록 전혀 다른 세상이다. 문이 있으나 문은 없다. 문하나 여닫지 않아도 바깥 소음이 끼어들지 못한다. 오가는 바람만 서로의 몸을 부비며 안부를 묻는다. 작은 바람에 미동조차 없는 것 같지만 떨림이 은근히 숨어있다. 그 떨림으로 계곡은 깊어지고 미물들은 살이 오른다. 거미줄같이 짜놓은 인연이 눈에 보이지 않아도 연결 된 것처럼.

　남자는 가을에 잘 울었다. 나도 가을에 실컷 울고 싶을 때가 있었다. 이렇게 억울한 일이 있나 싶어도 소리칠만한 마땅한 곳이 없었다. 그냥 꿀꺽 삼키기엔 내게 미안했다. 그때도 이 계곡에 왔다. 실컷 울어 보려고 자리를 찾는데 오가는 사람이 자주 눈에 띄었다. '왜 하필' '에이, 또 하필', 나는 울음도 욕도 끄집어 내지 못하고 낯을 씻었다. 얼굴이 닳도록 물만 끼얹었다.

  시간이 얼마나 흘렀을까. 오히려 욕할 일보다 그리운 이름이 더 많아 돌덩이만 치웠다. 밤하늘에 별이 돋아나듯 보랏빛 산국이 무리 지어 피어나듯 화르르 화르르 소리를 냈다. 그리움은 하늘에만 있는 것이 아니었다. 작은 돌 하나 치울 때 마다 아련한 기억이 말을 걸어왔다. 야시장의 불빛처럼 여기저기에서 돋아났다. 거사를 치르지 못하고 은밀한 계곡을 따라 내려오는데 앞에도 뒤에도 사람들이 이어졌다. 그들도 울 자리를 찾아 왔다가 그리움만 담아갔을까.

  계곡물이 우리 동네 개천 중간쯤 닿으면 작은 폭포를 이룬다. 폭포와 통곡은 많이 닮았다. 둘 다 쏟아내면 부딪치는데 오히려 섞여 다른 소리를 낸다. 서로 제 소리를 드러내기보다 어우러져 흐른다. 눈을 감고 있으면 소리 끼리 부둥켜안고 굽이치는 것을 느낄 수 있다.

  나쁜 일은 이어 달리기를 좋아한다. 때로는 설상가상이 되기도 한다. 제 분수에 만족하며 사는데 왜 나쁜 일이 겹쳐 일어날까. 평생 들풀처럼 순박하게 살다 간 사람의 자식이 왜 어렵게 사는지,

고개를 치켜드는 울분도 이 계곡에서 흘려보낸다.

 가뭄이 심하면 계곡은 무정물이 된다. 돌끼리 돌아앉은 외딴섬이 된다. 숨 쉬던 생물은 틈새에 끼어 누르미로 있다가 물을 만나면 기지개를 펴고 연꽃차처럼 피어난다. 스물예닐곱 장의 꽃잎이 서서히 벌어져 겹겹한 이야기를 풀어놓는다. 나는 이야기 속으로 성큼 걸어 들어간다. 무수한 나무뿌리들은 거미줄처럼 얽혀있다. 바위틈에도 다른 나무뿌리에도 제 삶을 걸쳐놓고 갈 길을 간다. 길항 같지만 서로를 보듬는다.

 늙는 것이 나쁜 것만 아니다. 해를 거듭할수록 그런 생각이 자주 든다. 통곡할 일도 서서히 줄었으나 제자의 편지 한통이 기쁨의 눈물을 만든다. '선생님, 스승님' 심은 것에 비하면 선생도 감지덕진데 스승님이라니, 낯이 뜨겁다 못해 목까지 붉다. 이런 생각마저 무디어지고 덤덤해지면 달관한 순간이 나를 기다리고 있을지 모른다.

 가을은 남자가 울기 좋은 계절이다. 한번쯤 인생을 돌아볼만한 적합한 무대다. 몸집 큰 남자의 폐부 깊숙이에서 터져 나온 통곡소리는 격렬한 몸짓으로 떠나는 가을을 붙잡는다. 어디 남자뿐이랴. 무채색의 쓸쓸함이 울림으로 남아 여자들도 가을에 더 많이 운다. 숲을 헤집고 산의 허파 같은 계곡으로 들어가 드륵드륵 울어야만 가을이 풍요롭게 익는다.

 저만치 울기 좋은 계절이 운명처럼 들어선다.

금

처마 끝에 달린 풍경이 요란스럽다. 남실바람도 이겨내지 못하고 '금… 그음' 하는 소리가 들린다. 세상 돌아가는 일에 입 다물어야 할 상황이라 그런지 입다물 금(噤)으로 온몸을 떤다.

돈 버는 모퉁이는 죽을 모퉁이다. 내가 겪었던 죽을 모퉁이에는 공부에 짓눌린 고3이 버티고 있다. 돈 자루를 들고 성적만 오르면 얼마든지 풀겠다는 어름 장을 놓는 학부형과 쌍벽을 이룬다. 이럴 때는 군소리 없이 입을 다물어야 한다.

부모는, 자식이 공부만 잘 해주면 수강료는 그리 큰 문제가 아니라고 큰소리를 친다. 이들 뒤엔 자신의 월급보다 부엉이 집 같은 외가와 친가가 버티고 있어서 가능한 일이다. 하지만 성적 올리는 것이 그리 쉬운 게 아니다. 이미 몇 군데 유명한 학원을 돌다가 마지막에 한 번 더 기대를 품고 왔기 때문에 말씨에도 날이 서 있다. '성적 꼭 올려주셔요.' 반드시 올려달라고 단정 짓는 말이 끝나면 지폐를 빠르게 헤아린다. '귀한 내 돈 받아먹고 성적 못 올리면 죽는다.' 돈은 학부형의 손가락에서 상담선생을 협박한다.

　메모지는 직장에 두고 왔지만 내용은 고스란히 집까지 따라와 머리가 아프다. 바람 한 점 느끼지 못해도 풍경은 여전히 그음그음 소리를 낸다. 나는 견딜 금禁을 떠올리며 참는 법을 익힌다. 돈만 들여 성적이 껑충 뛰어 오를 수 있다면 그 많은 세월을 묵묵히 잘 견딘 나는 목 좋은 곳의 상가 너덧 채는 지녔을 것이다.

　죽을 모퉁이는 또 있다. 학생을 잘 붙들고 있으면 선생이 또 엇박자를 놓는다. 학생과 겪는 갈등은 눈에 보이지 않으면 곧 잊힌다. 잠시 서로 섭섭해 하다가 물처럼 흘러간다. 그러나 선생은 다르다. 내가 전공한 과목은 대처할 수 있어서 별 문제가 없는데 영어와 수학은 참으로 난감하다.

　철이 든 고등학생이라고 하지만 선생 말 고분고분 듣는 아이만 있는 게 아니다. 이런저런 핑계로 영어선생에게 제출할 숙제를 수학 시간에 하고 있으니 그는 화도 날만하다. 몇 번 치우라고 했지만 샤프만 좌우로 까딱거린다. 선생은 '더러바서 못해 묵겠다.'만 남기고 미련 없이 떠난다. '오죽하면'에 힘을 주지만 선생과 학생은 서로 잘났다며 짝을 맞추어 돌아선다. 그래도 나는 견딜 금禁을 앞세워 이내 국어선생 자리로 들어와 제소리를 낸다.

　숱한 모퉁이를 지나 신나게 퇴직을 했다. 창창한 앞날이 눈에 보였다. 근심 없는 날만 좌악 펼쳐질 줄 알고 목에 힘을 주었다. 그 많은 시간 일부를 아끼는 문학모임에 쏟을 것이라고 계획을 세웠다. 이젠 짧은 목을 쭉 빼 올리며 성적 올리는 일에 목매지 않아도 되었고 마지막 지하철을 타기 위해 동동거릴 필요도 없어졌다. 수능 시험이 있는 11월을 따돌리고 느긋하게 앉아 즐길 수도 있다.

갑자기 상류층이 된 기분이 든다. 금金을 돌같이 보아도 그리 아쉬울 일이 없다. 월급 주는 날과 공과금 처리도 가뿐하게 안녕이다. 멀쩡한 방문객을 학파라치는 아닌지 의심하는 눈길도, 강의 시간표를 짜는 수고도, 학원차량 배차시간 관리도 모두 끝이다. 불이 나도록 울리던 휴대폰은 적막에 휩싸인다. 나는 마법에서 풀려난 듯 자주 만세를 부른다.

걱정 끝난 날이 죽는 날이라는 말은 사람살이가 쉽지 않다는 뜻이다. 또 다른 모퉁이는 엉뚱하게도 집안에서 몸피를 불리고 있다. 봄바람만 불면 선거바람을 안고 다니는 우리 집 남자는 양팔을 벌어 동네 밖으로만 치닫는다. 한두 번 떨어져보면 계산이 나올 텐데 7전8기를 내세우며 들썩거린다. 아무리 말려도 되지 않는 것, 그래서 사람들은 선거바람을 마약이라고 했던가.

드디어 팔자가 늘어지려는지 이번엔 가족 말을 귀담아 듣는다. "아버지시대는 지났습니다. 그 돈으로 편히 사십시오." 정색을 띤

아들의 반대는 호적이라도 파갈 기세다. "나이가 몇인데, 정리할 단곕니다." 남자 편은 아무도 없다. 천하태평이던 표정이 일그러진다. 믿었던 사람마저 목소리 낮게 깔고 허튼 소리 그만하라는 말투가 한몫을 한다. 대차대조표를 그려가며 조곤조곤 따진다. 이번만큼은 물러서면 안 되는 이유가 뼈 속 깊이 파고들어 순간을 잘 견디라고 나무란다.

뜻을 굽힌 남자의 표정은 끄느름하다. 스스로 접은 것이 아니라 강제로 꺾인 것이라 여긴다. 신명나는 일이 없는지 목을 비틀고 앉아있다. 즐겨듣던 가요무대는 숨도 쉬지 않는다. 친구들을 불러 모으는 일도 구만리 밖으로 밀어낸다. 멍석잠에서 벼룩잠으로 옮겨 몇 날을 고심하더니 집을 떠난다는 엄포를 놓는다. 이것만은 말릴 수 없다. 출가인지 가출인지 알 수 없지만 세상 한 바퀴 돌아오면 돈을볕으로 나타나 열심히 살아갈 것이다.

세월을 머금고 있는 거울의 반점은 화려한 묵화다. 거금을 들여 산 명품 찻잔에 시간의 잔금이 자리를 잡는다. 내 몸 안팎에도 실금이 생겨 테를 둘러야 할 처지인데 감정의 응어리조차 가멸차게 풀지 못하고 산다.

응어리는 하루아침에 생긴 것이 아니다. 과거의 작은 사건이 겹겹이 쌓인 결정체다. 결정체는 뜨겁게 달구어져 정신을 갉아먹다 언젠가는 터지게 마련이다. 그걸 알면서도 우쭐대는 내 꼴은 겁 없는 사십대에 머물러 있다.

  태풍이 가까이 왔는지 풍경소리가 휘모리장단으로 치닫는다. 마당에 피어 있는 앙증맞은 분꽃도 몸을 흔들다 못해 눕힌다. 여린 줄기는 아예 땅에다 코를 박고 있다. 꺾이지 않으려면 부드럽게 낮추어야 된다는 것을 잘 알고 있다. 저 장단이 지나가면 뿌리는 튼튼해지고 꽃은 제 나름의 색깔로 옹골차게 필 것이다.

  풍경은 세상사는 일, 옷깃 금襟으로 부드럽게 합류하라며 요동을 친다.

낡은 비유

텐트 안으로 저녁놀이 들어왔다. 진작부터 기웃거렸는데 눈치 없이 문을 닫아걸었다. 강물도 흙덩이도 붉게 물들었다. 제 색깔을 미련 없이 던져 또 다른 삶을 만나는 시각이었다. 이 순간이 비껴서면 별을 헤아리고 적막이 흐르는 소리도 지켜볼 것이다. 아, 하루쯤 이렇게 살아도 되었는데….

열 살 무렵 이곳 들판에 자주 왔다. 내가 잠시 머물다 간 흔적, 쑥을 캐고 나물을 뜯고 발목 간질이던 강가에서 노을이 뜨도록 놀았다. 무슨 재미라기보다 그냥 철따라 어울려 다녔다. 어설픈 일상에서, 사는 일이 힘들거나 행복하거나 양극에 닿으면 나를 넓은 들판으로 내몰았다. 문득문득 그 아련한 순간이 떠올라 눈시울마저 적셨다.

하늘이 붉다. 저 높은 곳에 사는 사람이 그리움에 지쳐 눈시울 붉게 한 것은 아닌지, 한 낮을 품고 세상 떠돌던 해가 덤으로 보낸 선물이랄까. 상사화가 무리지어 산등성이를 넘나 싶었는데 능

소화 줄기가 휘어져 흔들린다. 수련꽃잎도 엉거주춤 키를 높인다. 바람이 슬금슬금 나타나 분위기를 흐리면 예닐곱 살 여덟 살, 아홉 살, 입을 앙다물고 버틴 퇴적된 기억은 맥없이 스러진다.

들판에는 교복을 단정하게 입은 서울 고모할머니 집 언니가 자전거 뒷자리에 앉아있다. 서울말씨와 하얀 살결은 시골 아이의 부러움의 대상이었다. 그랬던 언니가 용애나물을 캐다가 나를 품고 울었다. 까맣게 탄 내 무릎엔 아직 덜 아문 상처가 있었고 팔꿈치에도 딱지가 떨어져 피가 번졌다. 그런 아이를 숨도 쉴 수 없도록 껴안고 울었다. 여름은 눈물을 만들어내는지 거즈손수건이 다 젖도록 훌쩍거렸다. 나도 덩달아 울었다. 그냥 따라 울었다. 세상부러움 다 받으며 자란 언니였는데 무엇이 그리도 섧게 했는지.

맞은 편 강폭은 좁다. 기억 속에 멈춘 크기는 우주전체였다. 부드러운 모래도 굵은 모래도 흔적 없이 사라진 강, 그 많던 몰과 용애나물은 어디로 숨어들었는지. 세월은, 무엇이 진실이고 역설인지 모르겠다고 눈을 흘긴다. 서성대는 그림자에 아린기억만 퍼붓고 달아난다.

저녁놀은 삽시간에 꼬리를 내렸다. 풀, 속살 드러낸 흙덩이, 그 속에서 꿈틀거리던 생명을 두고 미련 없이 자리를 떴다. 웅크리고 있던 환영이 틈새를 비집고 일어섰다. 가을이 온다는 기별인지 늦여름 강바람이 유순했다.

텐트 안은 자연의 소리로 가득하다. 풀벌레도 들어와 기웃거린다. 나는 열 살의 어느 하루 기억에 잡혀 이곳에 드러눕는다. 할머니, 아버지, 어머니, 아득한 곳으로 멀어져 간 핏줄에 대한 그리움이 직설로 흐른다. 강물이든 흙이든 눈길 가는 곳마다 은유로 스며든다.

아버지는 강을 좋아했고 어머니는 산을 좋아했다. 아버지는 육식을, 어머니는 채식을 즐겼다. 늘 엇박자 속에서 다투다 한 쪽이 먼저 세상을 떠난 뒤였다. 떠난 사람은 가뭇없이 멀어졌지만 남은 사람은 서로의 상처를 할퀴며 원망으로 얼룩진 삶에 덜퍽부림만 잦았다. 어쩌면 그런 연유로 나의 십대는 '웃다'보다 '울다'에 편승했는지 모른다.

살다보면 우는 것도 필요하다. 어렸을 때는 머리만 쓰다듬어도 울었지만 어른이 되면 체면 때문에 함부로 소리를 내지 못한다. 참는 것에 주먹질을 해대면 제 서러움에 홀려 울기도 한다. 해결 못할 일 앞에서 통곡이라도 하고 나면 보이지 않던 길이 훤히 보인다. 울면 되는 일도 되지 않는다는데 이 무슨 조화인지 알 수 없다.

전등을 켜놓고 텐트 밖을 나온다. 멀리 몇 개의 불빛이 인가 초입임을 알린다. 정겹다. 어림짐작으로 누가 살았던 동네인지 고개를 끄덕인다. 나는 참 어이없게도 또 눈물이 핑 돈다. 한 밤중

왕진가방을 챙겨 오토바이에 시동을 걸던 어머니가 어른거린다. 부엉이 울음소리도 빠지지 않는다. 늦여름이지만 겨울바람이 위세를 떤다. 혼자 가방을 챙겨 밤길 떠날 준비에 동동거리던 모습은 새벽바람을 안고 퇴근하던 나와 겹친다. 저 불빛만 있었어도 그 밤이 덜 두려웠을 텐데.

불빛 환한 텐트 속은 더없이 포근하다. 포근한 빛은 적막한 고도에서 빚어낸 소중한 인기척이다. 하심이 익을 대로 익은 보살이다. 허공에 떠 있는 불빛도 텐트에서 번져 나온 빛에 위안을 받을까. 저 속에 생파리같은 복장거리가 즐비해 있을 줄은 아무도 모른다. 한낮의 열기도 날파람에 밀려 자취를 감춘 시간, 잘 포장된 텐트 안의 밤은 아름다운 역사를 굽느라 분주하다.

텐트를 두른 억새에게도 밤은 소중하다. 일렁이는 억새가 꽃이 피려면 한두 달은 더 버텨야 한다. 초록은 달아나고 검은 빛이 줄기를 사로잡는다. 검을흑이 흰백을 품고 있을 거라고는 상상조차 하기 어렵다. 흑백 조화의 산물은 자연만이 할 수 있다. 누가 어둠과 밝음을 불러올 것인가. 머잖아 억새의 점 하나가 몸을 부풀려 은빛 꽃으로 휘날리게 할 것이다.

억새는 사방으로 펼친 꽃이삭에 꽃가루를 받아 오롯이 품는다. 씨앗이 여물도록 다소곳이 입을 다물고 단정한 자태로 적요를 기다린다. 설익은 후손이 맵바람에도 잘 견딜 수 있도록 기도하는 시간, 명징한 언어로 시작된 기도가 끝나면 다시 이삭은 사방으로 펼쳐 바람에 씨앗을 맡긴다.

억새 무리는 밤바람을 두려워하지 않는다. 바람 부는 쪽으로 몸을 깊숙이 숙였다가 바람이 멈추면 곧게 일어선다. 하나같이 서걱거리며 '꺼이꺼이 운다.'에 몸을 섞지만 어느새 존재를 꼿꼿이 드러낸다. 저항하지 않으면서도 이길 수 있는 귀한 끈 하나를 내 손에 쥐어준다.

밤도 밤하늘도 점점 깊어가고 낡은 비유가 텐트 속을 가득 채운다. 강가에서 늦여름 날 하루쯤 더 묵을 참이다.

낯선 새벽

내가 사는 곳은 자정이 지나면 자동차 소리도 끊긴다. 간간히 길고양이의 사나운 울음소리만 창틈으로 숨어든다. 푸드득 소리에 귀를 열면 몇 마리가 엉겨 으르렁거린다. 어디서 달려와 목을 긁고 컥컥거리다 정분을 나누는지, 그 소리마저 없다면 죽은 밤이다.

늦은 귀갓길이다. 소주 한 병이 든 검은 비닐봉지를 들고 앞서가는 남자를 본다. 어깨는 축 처져있고 긴 목은 낡은 운동화부리로 향해있다. 구부정한 허리가 외로움을 토해낸다. 내가 비슷한 옷을 입고 한 달을 넘기고 한 해를 보내듯이 남자의 감색 옷도 오랫동안 눈에 익었다. 몇 년을 한 골목길에서 스쳐가며 지냈지만 얼굴을 자세히 보지 못했다. 가끔 뒤돌아보다 눈이 마주치면 목례만 오갔다. 그는 혼자 걷고 밥을 먹고 술을 마시는 성찬을 위해 집으로 들어가 말 한마디 없이 지냈을 것이다.

설 무렵 까마귀가 주택가를 돌며 울었다. 까마귀 울음소리는 마음을 무겁게 했다. 마치 피붙이의 부음을 들은 듯 침울에 휩싸였다. 오래전 완도에서 어느 보살의 유골을 뿌리던 날도 까마귀는 떼를 지어 주변을 맴돌았다. 바람을 일으키며 날다가 삽시간에 사라졌다. 나는 제법 긴 시간을 허공에서 눈을 떼지 못했다. 어쩌면 우리가 떠난 뒤 다시 모여들어 죽음을 물어 날랐을지도 모를 일이었다.

형상은 시간이 지나면 흩어진다. 묵은 기억도 쇠락하는데 문득 떠난 사람이 떠올라 안타까운 생각을 밀어내지 못한다. 이만큼 살아도 낯선 사람의 부고에 마음이 흔들린다.

까마귀 울음 탓인지 한낮의 집주변에 음기가 흘렀다. 비릿한 냄새도 짙어졌다. 을씨년스러운 겨울 날씨로 돌릴 일만 아니었다. 코를 벌름거리며 퀴퀴한 냄새를 좇았으나 불안정한 음표마냥 끊어질 듯 이어질듯 하여 놓치고 말았다. 결국 진원지는 찾지 못하고 청소만 종일 해댔다.

어쩌다 밤샘을 한 적이 있다. 어둠의 잔영이 서서히 멀어진 새벽, 나는 이층 마당에서 골목길을 내려다보고 서 있었다. 남자는 담배를 물고 골목 끝을 하염없이 바라보았다. 부수수한 머리카락에 서캐처럼 달라붙은 삭막함이 어둠에 묻혔다. 그는 대문 앞에 앉아 조용히 연기를 날렸다. 한 개비로 성에 차지 않는지 연달아 불을 붙여 물었다. 우유배달원이 성큼 들어서자 그때서야 일어나 동굴 같은 방으로 들어갔다.
　한 번은 범어사에서 남자와 마주쳤다. 집 앞에서는 아는 척도 하지 않은 사람이 꾸벅 인사를 했다. 말은 없었지만 안다는 신호였다. 그는 탑을 몇 바퀴 돌더니 계단에서 절 마당을 내려다보았다. 시공간이 안개처럼 잔잔했다. 나는 그때 담배를 물고 서 있던 새벽을 떠 올렸다. 그만의 서사가 힘줄처럼 번어났으나 도무지 쓸쓸함을 지울 수 없었다. 그는 맑은 물을 한바가지 떠 마시고는 대웅전으로 들어갔다. 그 이후 남자를 보지 못했다.
　보름쯤 지났을 무렵이었다. 남자의 집에 경찰이 드나들었다. 소주를 사들고 퇴근하던 그가 스스로 목숨을 끊었다. 경찰이 몇 번을 죽을만한 사건이 있었느냐고 물었다. 알리도 없지만 알았다고 한들 늠늠하지 못한 성품에 나설 일이 아니었다. 안위에 젖어 작은 침전물도 걷어내지 못하고 사는데 남자의 죽음을 무엇이라 말하랴. 한집에 살고 있던 사람들도 입을 다물었다. 신산에 젖은 삶에 짓눌려 숨통마저 죄어들었는지, 아니면 돈과 권력에 받았던 괄시를 모면할 길이 없었던 걸까. 군말이 입안에서 맴돌다 안으로 스며들었다. 경찰은 우울증이 범인이라고 매듭을 지었다.
　늦게 달려온 남자의 아들은 휴대폰에만 매달려 있다. 갓 스물을 넘긴 듯한 청년이다. 한 번 쯤이라도 통곡이 있을 법 한데 의외로 차분하다. 이 난감한 몰락 앞에 눈물이든 슬픔이든 무슨 의미가 있을까. 늘 닫혀 있던 창과 현관문이 비로소 열린다.

 남자가 들것에 실려 나간 지 며칠이 지났다. 유품을 정리해주는 사람들이 검은 마스크를 쓰고 바삐 오갔다. 한 남자가 생명을 잇기 위해 필요했던 물건들이 쓰레기봉투에 담겼다. 그의 무거운 과거가 가볍게 떠났다. 죽음과 관련된 낯선 언어는 몇 날을 둥둥거리다 사라졌다.

 고독사는 곳곳에서 일어난다. 누가 외로움을 불러 들였는지, 외롭다는 것은 저절로 물드는 단풍처럼 홀로 익어 죽음을 부른다. 거동이 불편한 노인이라면 도시락 배달로 생사를 확인하지만 쉰이 조금 더 된 남자는 우울증을 덮고 죽은 지 열흘이 넘도록 냉방에서 견디다 떠난 것이다. 애증의 번민에 외로움을 주름처럼 달고 있던 영혼은 비로소 훌훌 떠났지 싶다.

 빈 소주병이 그득하게 나와 있다. 검은 비닐봉지에 담겨 흔들리던 술병이 마지막 가는 길에 곁을 지켜주던 분신으로 남는다. 과거는 현재가 죽은 흔적이다. 소독 냄새가 겨울바람을 휘감고 도는 낯선 새벽, 골목은 이내 잠잠하다. 익숙한 어제처럼.

백수아재

 가난구제는 나라도 못한다는 말은 시대가 달라져도 널리 쓰인다. 꿀떡을 먹다가도 이 말이 나오면 백수아재 일이 떠올라 입맛이 소태만큼 쓰다.
 백수아재는 나와는 오촌이었다. 촌수를 따지면 그리 먼 것은 아닌데 동네 마이크에서 큰아버지 이름이 몇 번 나오고 난 뒤부터 사돈의 팔촌 같은 느낌이 들어 멀어졌다.
 큰아버지는 딸만 다섯을 두었다. 아들을 낳긴 했다는데 세 살을 넘기지 못하고 죽었다. 아들 복이 없으면 재물 복이라도 있으면 얼마나 좋았을까. 고만고만한 살림살이에 우환마저 잦아 가난을 의복처럼 걸치고 살았다. 그런데도 인품은 훌륭해 근방에서 존경받는 어른이었다.
 백수아재는 제법 큰 부자였다. 조상에게 물려받은 전답으로 농사를 잘 지어 해마다 재산은 늘어났다. 어느 집에서 논을 내어 놓으면 다지고 또 다져 싼값에 사 들였다. 재물을 불리는 재주와는 달리 어눌한 말투로 던지는 말은 진심과는 다르게 튀어 나와 말시비에 자주 시달렸다.

흉년이 든 어느 해에 쌀 창고를 열어 어려운 이웃에게 나누어 준 적이 있었다. 쌀가마니를 집 앞에 두고 동네 이장 집 마이크를 이용해 쌀을 두 되씩 가져가라는 내용이 전달되었다.

끼니 걱정 하는 가장의 이름을 줄줄이 부르고 혹시 못 들으면 어쩌나 싶었던지 연거푸 불러댔다. 호명된 사람들은 쌀 두 되를 얻기 위해 줄을 섰다. 흰죽 한 그릇과 논 한 마지기를 바꿨다는 이야기도 있으니 목숨 연명하는 일이 얼마나 처절했는지 알 수 있다.

쌀을 받아 들기도 전에 고맙다는 인사는 줄을 이었다. 함부로 내뱉던 말에 멱살잡이를 했던 이웃의 눈길이 부드러워졌다. 꼬리를 물고 다니던 허물도 슬그머니 덮였다. 쌀 두 되의 힘은 강력했다. 백수아재는 어깨에 잔뜩 힘이 들고 팔자걸음에 배를 얼마나 내밀었는지 뒤로 넘어질 것 같았다. 그때까지만 해도 별 탈 없이 진행되었다. 큰아버지 이름이 마이크를 통해 온 동네 골목길을 휘돌아 큰아버지 귀에 와서 부딪쳤다.

"박경준 씨, 쌀 두 되 받아 가시오. 바악경준 씨, 박경준 씨 쌀 두되…" 우리에게 오촌아재면 큰아버지에겐 사촌 동생이다. '그냥 큰집에 슬그머니 갖다 놓고 가면 경찰이 잡아가나. 꼭 그렇게 마이크에 대고 큰아버지 이름을 불러 쌀 두 되를 가져가라고 소리쳐야만 되었나.' 어릴 때 일이지만 오랫동안 그 생각에 잡혀 되새김을 한다. 누군가에게 도움을 주거나 받게 되면 쌀 두 되 받아 가라는 말이 어제 일처럼 생생하게 들려 주춤거린다.

큰아버지는 쌀을 받아 오지 못하게 했다. 헛기침으로 심사를 달래며 논둑길을 따라 대처로 나갔다. 가출인지 출가인지는 모르지만 춘궁기가 지나서야 돌아왔다. 그래도 모두 굶어 죽지 않고 살아냈다.

서른 해 넘도록 살고 있는 우리 동네에 양심 쌀독이 있었다. 부자동네는 못 되어도 굶는 사람은 없어야 된다는 취지에서였다. 뜻이 맞는 주민들의 정성으로 독이 비기 전에 쌀을 갖다 채웠다. 한 끼 밥할 쌀이 없는 형편이면 그냥 와서 가져가라고 주민 센터 바깥에 두었다. 보는 사람이 없으니 눈치를 보거나 부끄러워하지 않아도 되었다.

가끔 지나가다 쌀독을 들여다보곤 했다. 아들의 월급날에 맞춰 쌀 한 포대라도 배달시키면 아무리 추운 겨울이라도 마음이 훈훈했다. 십시일반의 효과로 제법 오랫동안 어려운 이웃의 명줄이 되어 주었다.

어느 날 부터인지 쌀독이 바닥을 보였다. 기부 하는 사람은 늘어나는데 주변에 굶는 사람이 많은지, 자정 무렵 두 포대를 갖다 넣고 다음날 아침 일찍 가보면 빈 독이었다. 쌀이 없어서 굶는 사람이 어디에 있느냐고 했지만 분명히 있었다. 관계자는 쌀독을 채우는 일에 발품을 팔아 양을 늘렸다. 그래도 비어있을 때가 많아 몇 사람이 가져가는지 몰래 지켜보기로 했다. 그것보다 어려운 사람을 찾아 혜택을 제대로 주기 위한 방편이기도 했다.

자칫 잘못해 숨어서 보는 것을 들키기라도 하면 백수아재에게 상처받은 큰집 가족처럼 될 수 있다. 마음 편하게 가져가라고 방까지 붙여놓고 몰래 지켜보는 것은 어불성설이다. 그러나 달리 방법이 없어 봉사자 두 사람에게 번갈아 가며 지키게 했다.

틈틈이 노인이 다녀가고 젊은 아낙도 한두 명 쌀을 퍼서 비닐봉지에 담는 사진을 보여 주었다. 어릴 때 줄을 서던 마을 사람들의 표정이 이랬지 싶다. 쌀을 들고 가는 노인도 아낙도 백수아재에게 쌀 두 되를 받아가던 그런 사람이었다. 꼭 필요해서 가져가지만 당당하지 못했고 보는 사람이 있는지 없는지 몇 번을 두리번거리다가 총총히 떠났다.

매일 쌀 서너 되를 배낭에 넣어 가는 노인을 발견했다. 큰 자루에 담아가는 사람도 생겨나 일 년도 채 못 되어 양심쌀독은 사라졌다. 한 끼 밥을 해결하지 못할 만큼 어려운 사람에게 나누려고 시작한 일이지만 제 구실을 하지 못했다.

백수 아재는 전답 사 모으는데 혈안이 되었던 사람, '피도 눈물도 없는 놈' 이라는 어른들의 말에 나도 그런 줄 알았다. 그런데 눈물을 볼 수 있는 사건이 생겼다. 집에서 키우던 강아지가 며칠 동안 집을 나갔다가 돌아왔다. 얼마나 상심을 했던지 절룩거리는 강아지를 끌어안고 울었다. 귀한 쌀가마니를 헐어 가난한 이웃에게 나누어 줄만큼 넉넉한 부자였고 큰아버지의 자존심을 수시로 뭉개버린 사람이 강아지 때문에 눈물을 흘릴 것이라고는 상상도 할 수 없는 일이었다.

나는 백수아재가 서서히 좋아졌다. 눈물은 말 이전에 나오는 몸의 소리였다. 부자도 울 수 있다는 것, 애완견이라는 단어도 생소한 그때, 어린짐승을 품던 따뜻한 마음이 나를 녹였다. 재산을 지키고 유지하는 일은 마치 작두 날 위에 서 있는 것과 같다. 나이 들 수록 피붙이가 그리워지는데 그의 삶이 얼마나 외로웠는지 짐작이 갔다.

백수아재는 여든 넘어 겨우 흙 한 줌을 덮고 떠났다. 쌀 두 되로 인해 친척들과 멀어져 홀로 견디며 적선일수록 받는 사람을 배려해야 된다는 교훈을 우리에게 남겨주었다.

생명은 이미 죽음을 품고 있다. 꽃이 활짝 피면 바람이 불게 마련이다. 떨어진 꽃잎은 어느 영혼에 깃들어 아름다운 꽃을 피울 테고 백수아재는 좋은 가문에 인연이 닿아 다시 태어났을 것이다. 그게 세상 이치이지 싶다.

벌집

포구나무는 땡볕과 맞닿아있다. 강한 햇살이 서로 몸을 부비다 나뭇잎에 내려앉는다. 종일 한길에서 뒹굴다 어스름저녁이면 골목길로 몰려드는 바람처럼 너도나도 찾아들어 숨을 돌린다. 2019년, 한여름 포구나무는 잔가지를 벋어 과거를 소환한다.

포구나무 그늘에 앉아 공기받기를 하며 자랐다. 굳이 친구가 없어도 할 수 있는 놀이였다. 때맞추어 마실 나온 또래와 어울려 놀다보면 돌멩이 하나에도 씩씩거리며 울분을 토했다. 화를 삭이지 못한 친구는 모아둔 공깃돌을 휘젓고 달아났다. 나뒹군 돌을 챙기며 나름으로 사념에 젖어 목이 아프도록 하늘을 쳐다봤다. 나는 그때 하늘의 깊이를 내가 아는 숫자로는 감당할 수 없다는 것을 처음 알게 되었다.

가끔 혼자 있을 때 필승이라고 쓴 머리띠를 둘렀다. 하얀 붕대를 풀어 붉은 물약으로 쓴 필승은 각오를 다지기에 너끈했다. 첫 목표는 가을 운동회 때 백 미터 달리기에서 꼴찌를 면하는 일이었다. 성적을 올리기 위해 '문제집 톺아보기'에 기를 쏟듯 필승을 두르고 있으면 뜨거운 무엇이 전신으로 흘렀다. 의지가 결집되어 목표가 눈앞에 어른거렸다. 손기정 선수가 뇌리에서 떠나지 않았고 6학년 릴레이 선수가 공책 열 권을 들고 의기양양 하는 것도 덩달아 스쳤다. 기필코 나는 이룰 것이라고 주먹을 불끈 쥐기도 했다.

달리기를 잘 하는 친구는 그게 무슨 목표냐고 비아냥거렸다. 그리 쉬운 것은 목표가 될 수 없다고 놀려 두 번 다시 입 밖에 내지 않았다. 그러나 꼴찌 면하기는 포기하지 않았다. 새벽에 식구들 몰래 일어나 학교 운동장에서 뛰었다. 밤늦게도 몇 바퀴를 돌며 가을 운동회를 기다렸다.

운동회가 몇 번을 지났지만 나는 여전히 꼴찌였다. 아, 되는 게 있고 안 되는 것도 있다. 필승 머리띠를 깊숙이 감추며 벌집이 된 마음을 스스로 껴안았다. 온 몸이 구멍만 송송히 남아 손에 움켜지면 폭삭 주저앉을 바싹 마른 벌집이었다. 그래도 포기하지 않았다. 초등학교 6학년 마지막 운동회는 나를 배신하지 않을 거라는 확신이 생겼다. 꼭 그리될 것이라 믿었다.

다섯 달의 시간을 목표에 걸었다. 8등이나 7등이나 나을 것도 없는데 비밀하나 품고 있는 것이 그리도 설렐지 몰랐다. 하루하루가 새날이었다. 즐겨하던 책읽기도 내겐 하찮은 것으로 밀려났다. 다른 사람의 눈을 피해 오로지 달리기 연습에 몰입했다.

드디어 가을운동회가 열렸다. 백 미터 달리기도 여전히 들어 있었다. 여덟 명이 제자리를 찾아 사선으로 섰다. 신호탄과 함께 죽을힘을 다해 뛰었다. 4등이었다. 처음으로 8등에서 4등으로 진입했다. 몇 달간의 노력이 헛되지 않았다. 꼴찌만 면하자고 세웠던 목표가 4등을 안겨주다니, 나한테는 큰 사건이었다. 그러나 어느 누구도 알아주지 않았고 아무 일도 일어나지 않았다. 3등까지는 부상으로 공책을 주는데 4등은 그 무엇도 없었다. 팔목에 잉크색깔의 등수가 찍힌 친구들을 얼마나 부러워했던가.

누군가에게 내가 달라진 것을 꼭 알리고 싶었다. 호루라기를 목에 건 담임선생님을 찾아갔다. "선생님, 제가 4등 했는데요." "그건, 두 명이 넘어져서 그래." 뛰는 일에만 급급해 넘어진 친구는 눈에 보이지 않았다. 목이 꺾였다. 넘어진 친구가 애석해서라기보다 4등을 알아주는 이가 없어서였다.

산수 시험에서 60점을 받는 것이 두 번째 목표였다. '같은 번호에 동그라미만 쳐도 그 점수는 받겠다.' 선생님의 놀림에 얼마나 기가 죽었던가. 이미 받아둔 40점만 넘으면 선생님도 눈을 크게 뜨며 칭찬해 줄 것이라고 쾌재를 불렀다.

필승 머리띠를 꺼내어 다시 묶었다. 붉은 약물이 번져 필승 글자는 희미해졌지만 결심을 하기엔 부족함이 없었다. 산수책을 펼쳤다. 덧셈 뺄셈, 곱셈에서는 거침없이 통과했는데 나눗셈과 분수에서 막혔다. 비슷한 유형의 문제를 수십 번도 더 풀었다. 분명히 알았는데 다음 단계에서 숫자가 다르면 또 막혔다. 분수 셈의 원리를 모르고 사방팔방 헤매기만 했다. 뇌는 숫자 틈새에서 비틀거렸다. 결국 배가 아프고 멀미가 났다. 아무도 모르게 많이도 앓았다. 초등학교에서 중학교로 가는 고샅길, 산수의 늪에서 빠져 나오겠다는 목표는 몸이 앞장서서 또 말렸다.

짧은 가을해는 이내 기울었다. '아프다'를 털어낸 나는 혼자 동네 한 바퀴를 돌았다. 두벅뚜벅 걸어 장터를 거쳐 성당을 지났다. 동네를 가로 지르던 도랑에 내려가 물풀을 쓰다듬었다. 철 지난 달개비꽃 보드라운 감촉이 나를 달랬지만 어둠살이 질 때까지 포구나무 밑에 앉아 있었다. '7학년이 있다면 기필코 나는 3등 안에 들 수 있는데' '배만 아프지 않으면 거뜬히 이룰 수 있는데' 수십 번을 더 중얼거렸다. 목표를 정한 것에 대한 기대나 방황은 앉은 그 자리에서 모두 끝을 냈다.

동네 포구나무 그늘엔 노인들이 앉아 있다. 아직 상표도 떼지 않은 보행기 서너 대가 이들을 위로한다. 상표를 붙여 둔 이유를 조금은 안다. 자랑할 일이 많지 않은 나이에 이거라도 자랑삼아 이야기 꺼리를 만들어야 심심하지 않다. 내 돈 십여 만원이 없는 것도 아닌데 꼭 자식이 사주어야만 밀고 다닌다. 머리를 낮추고 허리를 굽혀 친숙한 고통 쪽으로 몸을 말며 오로지 자식 생각에 젖어 산다. 위만 쳐다보고 살았던 날이 반기를 든 걸까, 눈을 가늘게 뜨고 어른거리는 땅 밑으로만 시선을 보낸다. 이 나이쯤이면 달리기에서 일등이든 꼴찌든, 산수 점수가 백점이든 빵점이든 중요하지 않다. 잘 살았거나 잘 못 살았거나 남은 삶은 한없이 외롭다. 서걱대는 빈 벌집만 품고 공허와 적막과 어울려 산다.
 만개한 참깨꽃이 칠월을 살지게 한다. 포구나무와 마주보며 깊은 여름에 든다. 엷은 보랏빛 꽃은 깔밋한 새색시다. 한낮이지만 지친 구석 없이 벌을 불러들여 소임을 다한다. 다소곳한 꽃 속으로 왕왕거리며 바쁘게 드나드는 벌떼는 노인들의 젊은 날이다. 종종거리다 총총히 떠나는 생의 한 부분, 결코 내 것이 아니라고 우기던 남루한 삶이 고개를 끄덕인다.

아름다운 감옥

막차를 탄다. 어둠은 갈라진 아스팔트의 틈새를 비집고 나와 수물거린다. 어둠이 덮치기 전 급히 오른 차안은 열기로 가득하다. 빛은 멀어져 이내 잔영조차 사라진다. 며칠 전 들었던 둔탁한 남자의 목소리가 마음을 짓누른다.

그들 부부가 요양원에서 지낸 지 석 달이 지났다. 여자가 치매 중증이라 맥살이 탄탄한 남자도 어쩔 수 없이 함께 지냈다. 죽기 전에 한 번 보고 싶다는 말을 전해온 터라 잠자리마저 숭숭거려 서둘러 나왔다.

아늑한 산자락이 건물을 안고 있다. 담장이 낮은 아름다운 감옥이라 찾기 쉬울 거라는 남자가 보낸 문자를 다시 읽는다. 붉은 벽돌로 치장한 벽엔 담쟁이덩굴이 진을 치고 있다. 왼쪽엔 퇴색한 벽화가 허물로 남아 길손을 맞는다. 낡은 것이 주는 쓸쓸함에 젖어 차마 건물 안으로 성큼 들어서지 못한다.

그들은 나를 진심으로 반겼다. 실내는 따뜻하여 얼굴이 달아올랐다. 십여 분이나 지났을까, 멀미가 났다. 이곳에서 생활하는 부부가 안타까워 온 몸에 열꽃이 일었다. 여자는 나를 전혀 알아보지 못했다. 사람을 반기는 것은 병을 앓기 전과 다를 바 없이 활짝 웃었다. 한 때는 한집에서 살기도 했는데 이렇게 몰라보다니, 드문드문 찾아드는 옛일이 그나마 낯선 표정을 밀어냈다.

요양보호사가 삶은 감자 두 쪽을 들고 왔다. 간식 먹을 시간이라며 일러주고는 총총히 사라졌다. "참 잘해 주는데 이렇게 욕을 해대니…." 감자를 먹기에 알맞은 크기로 떼어 여자의 입에 넣으며 남자가 뱉은 말이었다. 여자는 이내 남자를 밀치더니 "나가라, 나가라 시발 테테…." 몇 번을 반복했다. 민망하기 이를 데 없지만 어쩔 수 없는 노릇이었다. '먹기를 거부하는, 씹는 것도 할 수 없는 치매환자도 있구나.' 나는 연신 중얼거리며 옹송그린 여자를 다독거렸다. 사악한 영혼이 파고들어 맑은 정신을 갉아먹은 탓일까. 아니면 온 몸이 광기에 휘둘려 정신을 놓아버린 것인지, 한동안 욕을 퍼붓더니 제물에 머쓱했다.

요양원에 오기 전 여자는 불안증에 시달렸다. 지능이 조금 떨어진 딸을 두어 남자의 옷자락만 스쳐도 불안이 와글거렸다. 잘못 돌아가는 일은 마치 여자 탓인 듯 세상의 불행은 다 모여 험난한 세월을 살았다. 여자는 버거운 현실을 잊고 싶었던 것은 아닐까. 남아있는 온기마저 밀어낸 것은 싹쓸바람처럼 닥친 딸의 가출이 한몫을 했다고 짐작을 한다.

 휠체어에 여자를 태워 현관을 빠져 나온다. 양쪽 팔걸이에 손목을 묶었지만 장미꽃이 수놓인 담요가 잘 가려준 덕분인지 편안하게 졸고 있다. 바깥은 딴 세상이다. 살아있는 것들이 봄물에 젖어 윤기가 난다. 봄을 키웠던 겨울 흔적은 어디에도 없다. 상흔에 얼룩진 시간은 어느 곳에 두고 왔는지.

 우리는 서로에게 이방인이다. 여자는 나를 전혀 기억하지 못하고 나는 옛날의 여자만 알고 있다. 언제 허릅숭이가 되었는지 가늠하기 어렵다. "우리 나물 캐러 갔었지." "나물…." "비린강에서 조개도 잡았잖아." "조개…." 낯선 놀이터를 몇 바퀴 돈다. 비둘기는 모이를 찾아 종종거린다. 나뭇잎 사이로 바람이 지나가고 신록은 쑥물을 머금고 있다. 여자는 언제쯤이면 나를 알아볼까. 힘이 부족하면 우주의 기운을 불러들인다는 스님의 말씀이 떠올라 천지에 귀를 연다. 땅은 두고라도 닫힌 하늘을 두드려 본다. 사방이 문이지만 열리지 않는다. 이 문만 열린다면 해결의 실마리라도 찾을 텐데, 깊은 하늘은 검푸르기만 하다.

 남자가 여자를 향해 손짓을 한다. 추울 거라고 들고 온 목도리로 어깨를 감싼다. 여자는 남자의 얼굴을 머리로 치받는다. 삽시간에 일어난 사건이다. 순간, 코피가 흐른다. "또 이런다, 화악 그만, 수술 받은 지 얼마나 되었다고…." 환자인줄 알면서도 욱하는 성미에 주먹이 올라가다 멈칫한다. 손만 묶으면 안전할 줄 알았는데 작은 머리도 무기가 된다. 지난번엔 주먹에 맞아 코뼈를 다쳐 바로 세운 지 달포 지났다고 설명을 한다. 남자보다 내가 더 볼 낯이 없어 여자를 껴안는다.

느닷없는 행동은 불안을 키운다. 간병인도 견디지 못해 남자가 같이 들어 온 연유가 이런 데 있다. 노후에 편안하게 살기 위해 돈을 벌고 아끼고, 때로는 남의 밥도 내 밥인 양 먹으며 살아온 날의 종착지가 여기라고 푸념을 한다. 쓸고 닦고 기도하던 여자의 부지런한 영혼도 어느 시절에 머무르고 있을 것이다.

치매 환자가 70만이 넘었다는 통계숫자 앞에서 참으로 덤덤했다. 그런데 나는 치매에 걸린 한 여자 앞에서 더럭더럭 소리 내어 울었다. 여자가 지어주던 밥도 먹었고 배가 아프면 업힌 적도 있었는데 해 줄 게 없다.

거리엔 생명을 품은 어둠이 자리를 잡고 있다. 어둠이 익으면 밝음을 내보낸다. 그런데도 아득하다. 여자는 남자의 숨소리도 잊힌 무덤 같은 공간에서 홀로 악을 쓴다. 안정제를 먹이면 고른 숨을 쉴 게다.

남자는 아름다운 감옥을 언제쯤 벗어날 수 있을까.

우우와 어버버

경기도 금촌에 이모가 살았다. 외로움이 깊어 병이 날 때 이모를 떠올리면 아픈 마음이 조금 가라앉았다. 그런 이모 집에 딱 한 번 가보고 인연이 끊어졌다.

어머니가 돌아가시자 외가와는 서서히 멀어졌다. 큰외삼촌은 어머니가 갑자기 돌아가신 것이 아버지 때문이라고 대들었다. 외가 식구들이 아버지 눈에 곱게 보일 리가 없었다. 장례식 날에도 셋째 외삼촌 혼자 와서 어머니 무덤에 뛰어들었다. 막내 동생이 겨우 세 살 때 일이었다.

어머니와 함께 이모를 처음 만나러 간 것은 초등학교 4학년 때이다. 경남 함안에서 경기도까지의 거리는 지금도 아득하다. 마산에서 기차를 타고 밤새도록 달려 도착한 곳이 서울역이다. 번쩍거리는 도시를 지나 시외버스를 타고 몇 시간을 갔을까. 금촌이 너무 멀어 지구 몇 바퀴를 도는 기분이었다.

이모는 농사를 짓고 가축을 키우며 살았다. 소 외양간에서 후다

닥 달려 나와 우리를 반겼다. 첫 인사가 '우우…어버버'였다. 목소리가 얼마나 컸던지 마당에 뛰놀던 닭들이 놀라 푸드득거렸다.

어머니는 서울 외삼촌과 통화를 할 때 서울말씨를 썼다. 이모의 안부를 묻기도 했지만 그럴 때도 '우우…어버버'는 듣지 못했다. 금촌에서 하룻밤을 같이 보내고 난 뒤에야 이모가 말을 할 수 없다는 것을 알게 되었다.

나는 어머니가 외가 식구 걱정에 마음을 앓고 있는 것을 어렴풋이 알고 있었다. 자식들이야 어려 큰 돈 들어갈 일이 없으나 등록금을 만들어 서울로 보내는 일은 버거운 일이었다. 약대를 다닌 큰외삼촌을 비롯해 외삼촌 셋이 모두 어머니만 바라보는 눈치였다. 시골 병원에서 돈을 번다면 얼마나 벌었을까. 아버지와 어머니 사이 갈등의 원인이 여기에 있었다.

이모와 어머니는 우리를 재워놓고 밤새 이야기를 했다. 이미 밤은 깊었고 늦가을바람은 산골을 건너 마을까지 내려왔다. 외양간에서 순한 짐승소리가 들렸다. 이모는 왜 말을 못하게 되었을까. 나는 먼 길을 왔는데도 잠이 오지 않았다. 어머니는 이모에게 '어떻게 사느냐.'로 시작하여 지난날을 저작하며 밤을 새웠다. 이모가 울면 나도 따라 눈물을 흘렸다. 어머니가 울 때는 이불 속에서 헛잠을 잤다. 어머니와 이모도 외할머니를 그리워했고 부모를 한꺼번에 잃은 막내외삼촌이 이집 저집으로 떠돌아 다녔다는 말에 여원잠 자느라 밤을 꼬박 새웠다.
 이모 집을 다녀온 뒤 어머니한테만은 효녀가 되고 싶었다. 말 못하는 이모에게도 자주 찾아가 위로하고 싶었다. 그러나 '안갚음' 근처에도 못가보고 어머니는 단명하셨다. 삼십 대 후반 젊은 여의사의 죽음은 온 집안을 흔들었다. 병원문은 닫히고 우리 집 형편은 풍비박산이 났다. 탈 없이 잘 가던 괘종시계도 덩달아 몽니를 부리며 쿨럭거렸다.
 아버지는 술에 절어 가정을 돌보지 않았다. 갑자기 들이닥친 팍팍한 세상살이를 술로 달랬다. 병원 집 권세를 등에 업고 지낸 할머니도 홀연히 작은집으로 가셨고 병원식구들마저 떠난 집안은 수시로 비틀거렸다. 폐허가 난장판을 벌인 작은 방 한 귀퉁이에 앉아 집안 분위기를 살피는 것이 내가 할 일이었다. 만개한 꽃이 비바람에 지는 것도 순간이지만 튼튼한 가정의 울타리가 허망하게 주저앉는 것도 한순간이었다. 나는 그때 어떤 경우에도 살아남는 것만이 성공하는 삶이라는 것을 알게 되었다.
 이모한테서 전화가 왔다. 전화국을 통해 건너온 목소리는 몇 번의 오류를 범하고 난 다음에야 겨우 들을 수 있었다. '우우…어버버', 나와 이모만 소통할 수 있는 유일한 신호에 얼마나 깊은 슬픔이 젖어 있는지 알 수 있었다. '우우…어버버'는 내 머리를 쓰다듬고 어깨를 토닥이는 함축된 몸짓이었다. 어린 동생들을 잘 돌보라는 당부이기도 했고 힘들면 찾아오라는 절절함이 도도하게 흐르는 강물소리로 전달되었다.

　아버지와 외가 사이의 골은 나날이 깊어졌다. 오가는 소식마다 살얼음판이었다. 큰외삼촌의 언성에 시퍼렇게 날이 서자 부드러운 소리는 녹슬어 빛을 잃었다. 그래도 아버지는 어린 동생 둘을 일 년만 맡길 참이었다.

　"니 누나가, 너거 학비 다 보냈는데 그것도 못 들어 줘."

　아버지의 간청은 단박에 잘렸다. 세상의 근심은 때를 만난 듯 나를 미망으로 몰아넣었다. 길게도 아니고 '딱 일 년'에 힘을 주던 아버지의 절박한 목소리는 오랫동안 내게 못질을 했다.

　"인연 끊어, 다시는 외갓집 얘기 꺼내지도 마라."

　어른들의 다툼에 그리운 외가를 멀리 할 수밖에 없었다. 가까이 있는 것도 아니고 동생들 손을 잡고 갈 수 없는 곳이라 더 그랬는지 모른다. 우리는 점점 더 외로워졌다. 이모도 외삼촌도 보고 싶었고 만나기만 하면 모든 것이 순조롭게 풀릴 것 같았다.

　어머니 첫 제사가 드는 구월에 이모한테서 소포가 왔다. 하얀 옥양목에 스위트홈Sweet Home과 네 잎 클로버를 십자수로 놓은 책상보였다. 이미 주인은 가뭇없이 멀어졌지만 우리 집이 스위트홈이길 바라며 수를 놓았을 것이다.

　이모는 평생을 '우우…어버버'로 살다갔다. 아버지의 말씀대로 외가와는 영영 담을 쌓았다. 이다음에 내가 힘이 생기면, 나이가 들어 목소리가 커지면 떳떳이 외가를 찾아 갈 것이라고 원을 세웠으나 그것마저 풍화되어 소실점에 가깝다. 안부라도 물을라치면 남동생 둘이 더 반대를 해대는데 이길 수가 없다. 아버지 몰래 숨겨 둔 책상보만 증표로 남아 흔적을 잇는다.

자고 일어나면 좋은 말이 자리를 다툰다. 당신의 따뜻한 말 한마디가 어두운 세상을 바꾼다고 카톡거린다. 문자도 제 꼴 먼저 봐달라고 몸을 떨지만 '우우…어버버' 속에서 나는 더없이 아늑하다. 망망대해에서도 인광처럼 빛나던 종요로운 언어였다.

우리 할매

할매가 장춘사에 다녀 온 날 저녁이다. 반은 걷고 반은 삼촌에게 업혔지만 부처님을 만났으니 성공이다. 표정은 잘 닦은 유기그릇처럼 반질거린다. 한 달을 못 넘기고 돌아가신다는데 얼굴에 빛이 나다니, 세월에 벼른 기도 덕분일까. 처진 눈 꼬리는 하염없이 웃는 하회탈이다. 원하던 통도사 한 번 못 가보고 떠난다고 입술만 달싹인다. 소리는 입안에서 맴돌 뿐 밖으로 나올 기력이 없다. 밤은 깊어가고 생명 있는 것은 다 무심에 젖는다.

열 살 되던 초여름 날, 할매는 며칠 전부터 빵 찔 준비에 공을 들였다. 밀가루가 담긴 통을 열어보고 잘 말린 양대콩과 신화당을 챙겼다. 반죽을 발효시킬 귀한 이스트도 구해놓았다. 불쏘시개로만 썼던 갈비를 몇 아름이나 부엌에 갖다 두었다. 세상의 정성은 다 불러 줄을 세워도 부족한 듯 입맛을 다셨다.

할매는 양대콩을 밥상에 펼쳤다. 벌레 먹은 콩을 고르는가 했는데 무언가를 만들고 있었다. 오목을 두듯 멀쩡한 콩을 펼쳤다 접었다로 건밤을 세웠다. 불佛자를 두른 말뚝만한 양초는 왜 또 돌리며 번갈아 보고 있는지 알 수 없었다.
 빵 찌는 날이었다. 할매는 온 가족에게 말조심하라고 언질을 주었다. 제삿날도 아닌데 종일 염불을 달고 부엌과 마루를 오갔다. 정신사납다고 부엌근처에 오지 못하도록 엄포까지 놓았다. 그럴수록 궁금해 견딜 수 없었다. 누구에게 갖다 주려는 것인지 짐작을 못했다. 큰 솥에 김이 오르고 솥 언저리에 뜨거운 물이 흘렀다.
 솥뚜껑 여는 소리에 부엌으로 달려갔다. 잘 부푼 빵이 한솥이었다. 두 눈이 휘둥그레졌다. 노란 빵 가장자리에 푸른 강낭콩이 띄엄띄엄 놓였고 붉은 콩은 가운데에 모여 앉았다. 할매는 빵에 부처 불佛자를 수놓듯 새겼다. 나는 그날 처음으로 부처님을 뜻하는 한자를 만났다. '까닭'과 '여덟' 같은 글자도 잘 읽지 못해 내게 묻곤 했는데 그 어려운 불佛자를 어떻게 알게 되었을까.
 빵 찌기 전날 펼쳤던 양대콩이 떠올랐다. 석공이 정성껏 불상을 다듬듯 할매는 콩으로 수도 없이 불佛을 썼다 지우기를 반복했을 것이다.
 새벽에 눈을 떴다. 할매는 벌써 옥빛 한복을 입고 단장을 마쳤다. 하얀 고무신은 댓돌위에서 주인을 기다렸다. 빵이 든 함지도 모시 보자기에 싸여 떠날 준비를 하고 있었다. 나는 머리에 나비 리본을 꽂고 나풀거리며 따라 나섰다. 힘에 알맞도록 준비한 공양미도 안았다. 계곡을 지나 험난한 비탈길이 이어졌다. 치맛자락을 잡고 따라갔지만 갈수록 무겁고 숨이 막히고 목도 말랐다.
"배고프다, 빵 좀 묵자."
"부처님 잡숫고 난 다음에 묵자, 쪼매만 참아라."
"할매, 다리 아프다, 좀 쉬자."
"다 와 간다, 부처님 자실거라 땅에 못 놓는다."
나는 들고 있던 공양미 자루를 풀밭에 던지고 주저앉았다. 할매는 함지박을 머리에 인 채 내던진 공양미는 손에 들었다. 아침도 제대로 못 먹었는데 어디서 기운이 솟는지 바람처럼 걸었다. 화도 내지 않고 관세음보살을 외며 올랐다. 집으로 돌아가고 싶었지만 이미 멀어져 돌아갈 수 없는 까마득한 거리였다.
"관세음보살 님 부르고 가면 금방이다."
"싫다, 나는"
장춘사 가는 길은 멀고 지루했다. 하얀 치마저고리를 입은 보살들의 행렬이 길게 이어졌다. 아이라곤 앞서가는 소년과 나 뿐이었다. 주변 소나무는 굽었고 풀꽃도 시들어 생기가 없었다. 멀리서 뻐꾸기 우는 소리만 지겹게 들렸다.
장춘사에 도착했다. 할매는 촛불이 일렁이는 부처님 앞에 빵을 올렸다. 다섯 단을 쌓고 그 위에 불佛자를 얹었다. 내 이름이 달린 공양미도 자리를 잡았다. 부처님이 웃고 계셨다. 그 미소는 많은 보살을 건너 어린 어깨에 내려놓으셨다. 투정 부리고 어깃장 놓던 나는 부끄러워 할매 품에 숨어 얼굴을 들지 못했다.

집으로 올 때였다. 사람인人변이 남아있는 빵을 뜯어 먹으며 비탈길을 신나게 내달렸다. 뛰지 말라고 타일렀지만 보폭을 맞추기엔 갑갑했다. 먼저 내려와 평지에서 할매를 기다렸다.

"선아, 양산 통도사 모르재?"

"내가 우째아노, 할매도 모르는데"

"이 담에 니 크면 구경시켜도"

"알았다 할매, 열 번 백 번 시켜주께."

"영험 있는 큰 절이라 에러븐 소원도 다 들어주고, 통도사에만 가면 너그 아버지 아픈 다리도 나을낀데…."

우리는 펄펄 날아 내려왔다. 세상 근심은 다 달아나고 후덥지근한 유월의 바람조차 달았다. 그날의 할매는 다보탑을 만든 석공 아사달 보다 더 훌륭해보였다.

장춘사에 다시 간다. 겸손하라고 낮게 세운 일주문을 지나면 5층 석탑이 객을 반긴다. 탑돌이를 하던 흔적이 우르르 일어선다. 알아듣지 못한 염불소리가 바람에 섞여 웅웅댄다. 중얼거림에서 하심을 읽고 뜬구름이던 부질없는 욕망이 손에 잡힌다. 비만 오면 쑤신다는 할매의 자정지종自頂至踵, 나는 철없이 남발한 약속에 만신滿身이 아프다.

통도사에 자주 든다. 경남 함안에 뼈를 묻은 할매에겐 코로나19 난리 통에 갠지스 강 찾아가기 보다 더 어려운 게 통도사다. 볕 좋은 가을날 그리 원했던 기도처에 초대하면 영혼이 선 듯 따라 나설지, 너무 늦었다고 섭섭해 돌아서진 않을까. 내겐 소도였던 우리 할매….

4

달비계 길

달비계 길

강의 재구성

헛방과 명중

안녕, 송결

잊지 못할 편지

꺾이지 않으려고

물풀

그레이 노마드를 꿈꾸며

박희선 수필집

흙에 묻어온 휘파람 소리
도서출판 시로(1992년)

고독으로 가는 길은 어렵다
도서출판 해광(1998년)

그는 섬이 되어 있었다
도서출판 일광(2003년)

꽃이 말했다
도서출판 일광(2007년/2009년 재판)

환희로 살다
도서출판 해암(2012년)

아지트와 막걸리
도서출판 해암(2016년)

수필, 찬란한 슬픔 덩어리 (수필선집)
도서출판 해암(2018년)

달개집 서사
도서출판 해암(2023년)

달비계 길

 인생은 선반 길에서 춤을 춘다. 하루하루가 위태롭지 않은 날이 없다. 이 달이 지나면 안정된 생활에서 아름다운 수를 놓을 거라고 기대하지만 원하는 대로만 흐르지 않는다. 실종된 가족을 찾는다는 안타까운 문자는 수시로 날아든다. 신호가 올 때마다 넋 놓고 다니는 사람이 없는지 주변을 살핀다.
 출근길이다. 이웃에 사는 부부와 자주 만난다. 일부러 시간을 맞추기도 어려운데 마주친 지 어림잡아 다섯 해다. 여자의 걸음걸이가 둔해 몇 마디 못하고 멀어지지만 마음에 남아 비애를 느낀다.
 농협 맞은편에 긴 의자가 있다. 경동아파트로 가는 주민들이 타고 다니는 셔틀버스가 서는 곳이다. 보도블록 사이를 비집고 노란 꽃 민들레가 얌전하게 앉아있다. 남자는 여자를 앉힌다. 눈부신 봄 햇살을 등진 여자는 어둔한 손으로 민들레꽃을 딴다. 온 몸의 피가 손끝으로 몰린다. 힘겹게 꺾은 두 송이를 손바닥에 올려놓고 한참을 바라본다. 무슨 생각을 할까. 자유롭게 들판을 쏘다니던 봄날을 소환하는 걸까. 비뚤한 표정은 밀랍인형처럼 굳어있다.

　남자는 덩치가 큰 여자 손을 잡고 있다. 여자는 횡단보도 앞에서 건너지 않겠다고 버틴다. 파란불이 깜빡거린다. 치매에 뇌졸중까지 겹쳤으니 남자의 심정은 얼마나 답답할까. 그래도 군말 없이 달랜다. "이번엔 꼭 건넙시다." 겨우 파란불에 맞추긴 했는데 또 멈춘다. "몇 걸음만 더 가면….″ 입을 앙다문 여자 앞에서 왜소한 남자는 애가 탄다.

　우체국 옆 계단에 앉아 남자는 담배를 문다. 가스라이터를 몇 번 켜도 불이 붙지 않는다. 시선은 여자가 쥐고 있는 민들레꽃에 잠시 머문다. 이미 꽃은 일그러져 모양이 없다. 다시 라이터를 켠다. 꺼질 듯한 불에 얼른 담배를 갖다 댄다. 불을 문 담배는 빨아들일 때마다 열꽃을 피운다. 눈길이 연기를 따라간다. 자유롭다. 저 남자도 연기처럼 훨훨 날고 싶지 않을까. 어느새 담배꽁초는 직선으로 꽂힌다.

　오늘은 한의원 앞에서 두 사람을 만났다. 입구에서 또 실랑이를 벌였다. 내가 등을 밀었더니 순순히 안으로 들어갔다. 넙죽 절을 하는 남자를 볼 때마다 안쓰러웠다. '마 죽으쁘까.' 어쩌면 여자보다 먼저 애가 타서 죽지 않을까. 그 남자의 독백이 종일 따라다녔다.

채 선생과 정 선생은 오래 전 나와 시 낭송을 같이 배운 동기다. 늘 일찍 와서 시 낭송 선생을 기다리는 잊히지 않는 부부다. 명시를 읽을 때면 채 선생은 정 선생에게 어디쯤 읽고 있다고 친절히 가르쳐 준다. 몇 강이 지나서야 이들이 부부라는 것과 정 선생이 초기치매를 앓고 있다는 것을 알게 되었다.

채 선생은 싱글대며 웃는 정 선생 손을 잡고 강의실로 들어선다. 벌써 몇 달 째 한 손에 가방을 들고 허리를 굽힌다. 수강생들도 부부의 사정을 잘 일고 있어 서로 돕는 눈치다. 자칫 손잡고 있던 정 선생을 놓치면 채 선생의 하루는 잔반 길을 걸을 수밖에 없다.

며칠 전 정 선생이 집을 나갔다가 길을 잃었다. 종일 찾아 헤매다 부산 역 대합실에서 만났다. 신발을 버리고 얼마나 걸었는지 발에서 피가 났다. "그 때 눈물이 나서…." 채 선생은 말을 잇지 못했다. 수건으로 피 묻은 발을 닦고 있을 그가 어른거렸다. 두 사람은 전생에 어떤 사이였을까. 때론 여동생 같고 엄마 같고, 어쩌다 투덜대면 아내 같다. 수시로 일어난 사건들이 채 선생을 닦달했지만 불만은 낡은 기억 속으로 밀쳐냈다.

초여름이었다. 어린이 대공원 숲속에서 야외수업을 받았다. 정 선생도 같이 손을 잡고 자연 속에 파묻혀 시낭송을 했다. 정 선생 차례가 되었다. 몇 연을 또박또박 읽더니 벌떡 일어나 비탈길을 내달렸다. 고삐 풀린 망아지처럼 빨랐다. 채 선생과 일 행 한 사람이 뒤이어 따라갔지만 놓치고 말았다. 얼마나 찾아 헤맸을까, 한적한 모퉁이에 앉아 하염없이 개망초 꽃을 꺾고 있었다. 손아귀가 벌어질만한 양이었다. 꽃은 부드러운 입술로 정 선생을 위로했다. 채 선생의 속울음은 뭉텅뭉텅 꽃으로 피어났다.

인생이란 굽이굽이마다 많은 사연을 담고 있다. 우리에겐 온기로 가득한 시간도 있었고 사납게 울부짖는 짐승울음에 두려움을 덧칠한 때도 있었다. 그럼에도 떨칠 수 없는 삶 자락을 붙들고 함께 걸었다. 누구를 상대로 이겨내야 하는지는 몰라도 견디다보면 무엇이 남을 것이라는 막연한 기대에 뚜벅뚜벅 걸어 여기까지 왔다.

자갈밭에 개망초 꽃이 흐드러진다. 달걀노른자를 물고 하늘거린다. 정 선생과 그 여자는 왜 꽃에 몰입했을까. 이들의 기억 저편 영혼이 꽃에 깃든 것일까. 두 남자는 험한 하루가 힘들게 해도 여자를 놓을 수 없다. 그로 인해 식솔을 거느리고 정영情英을 키운 고마운 손이란 것을 잘 알고 있기 때문이다.

세상 어디에도 탄탄한 길은 없다. 그들도 나도 흔들거리는 비계 길에서 안간힘을 쓴다. 자칫하면 벼랑에서 추락할 지도 모른다. 하루, 한 달, 한 해의 삶이 모여 빈혈을 일으킨다. 살아온 절반 인생이 행복일 수도 있는데 달비계를 쳐다보니 어질하다. 푼푼한 몰치에 걸린 노을이 애달프다.

강의 재구성

나를 손짓하는 곳은 고향의 비린강이다. 강둑은 불현 듯 나를 부른다. 가끔은 강물의 농간에 몽유병도 앓는다. 올해 벌써 세 번째 강가에 와 있다. '내가 힘들었거든.' 몸이 그렇게 알려준다. 기억 속의 비 오는 날은 강바람이 함께 한다. 굵은 빗방울이 얼굴을 간질이면 우울한 생각에 젖었다가도 밝은 마음으로 강둑을 배회한다.

사춘기 때였다. 지독히도 아팠던 늦은 봄날에 홀로 집을 빠져나와 버스를 탔다. 강 가까운 어디쯤에서 내려 막연히 걸었다. 작은 개울만 따라 가면 어느 쪽이든 강이 나왔다. 개 몇 마리가 어슬렁거리고 동네에서 닭 우는 소리도 가끔 들렸다. '적막, 고독, 죽음, 아름다운 자살….' 입 밖으로 나오진 않았지만 머릿속을 가득 채운 어두운 단어들은 서로 세상구경을 하려고 발버둥을 쳤다. 나는 울음을 꾸역꾸역 삼키며 강을 향했다.

강은 나를 반겼다. 벌거벗은 독백이 살아났다. 숨죽이던 의식도

촉각을 세웠다. 강물은 흘렀고 물풀은 온유한 몸짓으로 하늘거렸다. 흙바람이 이는 것도 아름다웠다. 얼굴에 먼지를 끼얹고 달아나는 바람도 침잠한 내면을 보는 듯 기뻤다. 초록색깔의 쇠뜨기가 바람에 순응할 때마다 앉았다 섰다를 반복했다. 그냥 앉아서 바라보기엔 내 나이가 민망했다. 용애나물 위에 누웠다. 쑥 냄새처럼 익숙해 코를 벌름거리며 하늘 깊은 곳으로 빨려들었다. 그럼에도 우울은 도사리고 앉아 영혼을 갉아 먹었다.

할머니를 만난 것은 해가 질 무렵이었다. 할머니는 내 어깨를 사정없이 후리쳤다. 지극한 사랑과 훈육을 온 힘으로 쏟아냈다. 나는 공포에 사로잡혀 꼼짝할 수 없었다. 잠시나마 인자한 할머니와 무서운 할머니는 번갈아가며 회초리를 들었다.

어른이든 아이든 감정이 불길처럼 사나울 때가 있다. 사나운 불길은 희망도 굳건한 의지도 삽시간에 밀어내 피폐한 인간으로 만든다. 사람과의 단절에서 오는 아픔은 쉽게 낫지 않는다. 할머니의 손을 잡고 땅거미가 내리는 강둑에서 잔소리를 오지게 들었다.

"여긴 머하러 오냐."

나는 목이 메어 말을 할 수 없었다. 가족 어느 누구도 밉지 않은 사람이 없을 때였다.

"새엄마도 엄마다, 정을 붙여야지."

이미 화가 누그러진 할머니의 말씀에도 나는 무슨 말도 나오지 않았다. 침만 삼키며 달아날 궁리만 했다.

"옛날에 고아 청년이 있었거든, 피붙이가 그리워 피붙이를 만들기로 작정했단다."

피붙이를 어떻게 만들 수 있을까. 나는 할머니의 뒷이야기가 궁금했지만 못 들은 척 했다. 돌멩이를 차고 구닥다리 할머니의 손도 뿌리치며 엇박자를 놓았다.

"하루는 말이다 이웃집 심술쟁이 영감이 낫을 빌리러 왔어, 안 빌려 주고 싶은데 변명 할 도리가 없었지. 청년은 그 영감을 잠시 기다리라 해놓고 방으로 들어가 혼자 중얼중얼하더니 밖으로 나온기라. '영감님, 엄마가 못 빌려주게 해서…' 영감은 빈손으로 돌아가며 '고아 주제에 언제 엄마가 있었다고?' 고개를 갸웃거렸단다. 성품이 어진 사람이 연장을 빌려달라고 하면 언제든지 빌려주었지만 심술쟁이 영감은 다음날도 그다음날도 빌려주지 않았지. 하루는 청년이 일하러 간 사이에 몰래 방에 들어갔더니 허수아비 한 쌍이 아랫목에 서 있는기라. 홧김에 두 동강을 냈거든, 글쎄 허수아비 목에서 피가 주루룩 흘렀단다."

허수아비도 엄마 아버지라 부르면 정이 생긴다는 말씀이었다. 무정물에 피가 흐르게 하는 정의 진수, 할머니는 '새엄마도 엄마다'를 알게 하기 위해 긴긴 이야기에 몰입했다. 그래도 마음이 움직이지 않았다. 얼마나 세월이 흘러야 마음이 열리고 세상이 아름답게 보일까. 그런 때가 오지 않을 것이라 여겼다.
  나는 여전히 살아 숨 쉰다. 피눈물 흘려도 숨 끊어진 것 보다 낫다는 할머니의 말씀을 부적처럼 품고 다닌다. 봄풀이 돋아난 강둑에 새떼가 날아든다. 쿨럭거리며 흐르던 물길도 호수처럼 잔잔하다. 때로는 밀쳤다가 또 때로는 마음속에 품은 비린강이다. 그날의 별과 달빛과 햇살, 밑바닥에 말라붙은 윤슬이 서서히 일어난다.
  드디어 할머니 말씀에 핏줄이 돈다. 등뼈가 굳건히 자리 잡고 살이 붙는다. 눈물방울마다 근력이 생긴다. 새엄마가 엄마고 새엄마는 엄마이고 새엄마도 영원한 엄마다. 어둔 기억들은 풍화되어 가뭇없이 멀어진다. 이천이십이 년 삼월, 강물은 역사를 재구성하느라 참으로 바쁘다.

헛방과 명중

　병원치료비도 외상으로 하던 시절이 있었다. 우리 집 앉은뱅이 책상위에 덩그러니 있던 외상장부는 어머니가 돌아가시면서 아버지에게 남긴 유일한 현금이었다. 무거운 짐을 맡긴 값치고는 참으로 야박했다. 살아 갈 방도도 없이 장부만 들추던 아버지를 보다 못해 사촌언니가 팔을 걷고 내 손목을 끌었다. 그때 나는 고작 열다섯 살이었다.
　봄날 하루해는 무척 길었다. 장부를 들고 치료비를 받으러 나섰다. 고갯길을 넘다가 큰 나무 밑에서 쉬기도 따분해 길 가던 강아지를 붙들고 실랑이를 벌였다. 정확한 주소도 제대로 없는 외상장부를 뒤적거리며 동네어귀에 들어섰다. '청도댁 뒷집 아지매' '이장 옆집 꼭지엄마' '대산댁 자부' 는 외상치료비가 있다는 사실을 인정할까. 줄줄이 고개를 쳐든 걱정은 나를 옭아맸다.
　집을 찾는 일은 생각보다 어렵지 않았다. 어른이든 아이든 묻기만 하면 '저쪽 집' '빙 둘러 가면 첫째 집' 으로 소통되었다. 찾아

간 집엔 사람들은 들로 나가고 가축만 봄을 지켰다. 순한 토끼와 눈인사를 나누다가 먹이를 찾는 닭을 쫓아 무료함을 달랬다. 시간을 잘 맞추지 못한 첫날은 마을을 다 돌아도 해는 빈둥거렸고 주머니는 텅 비었다.

꼭지엄마를 만났다. 반가움과는 달리 '벌써 갚았다.' 가 답이어서 지워버렸다. 사촌언니는 동네 인심을 의심하지 않았다. 병원 일에 바빠 미처 정리하지 못했다고 미안한 표정을 지었다. 공책에 적힌 파란 잉크가 번진 숫자는 숨이 막힐 듯한 나를 빤히 쳐다보았다. 이미 사람은 가고 없는데 행간엔 치료내용의 흔적이 똬리를 틀고 앉아 있었다. 내 눈엔 이내 물기가 서렸다.

봄흙은 참으로 부드러웠다. 돌 틈에 겨우 얹힌 흙도 분가루였다. 담 옆 도톰하게 솟은 땅속 지렁이 길은 얼마나 신비로웠는지. 그 속에 새끼가 있을 것 같아 손가락으로 꾹 누르고 싶은 충동을 억제하느라 애를 먹었다. 봄빛만 스며들면 새싹이 고개를 내밀 듯 내 손에도 숨어 있던 꿈이 잡힐 듯 했다. 그러나 동네를 몇 번이나 돌아도 헛헛한 봄날만 파고들었다. 복통 치료를 받고 간 '청도댁 뒷집 아지매' 나 머리를 다쳐 몇 바늘을 꿰매고 간 '대산댁 자부' 도 우리를 건성으로 대했다. 사회에서 처음으로 맛본 쓰디쓴 헛방이었다.

밤이면 잠을 이룰 수 없었다. 늦봄인데도 한기가 들어 솜이불 속에서 숨 막히는 처지를 부정했다. 바깥으로 난 창은 모두 닫아걸었다.

둥글게 보이던 세상은 어느 사이 마름모꼴이거나 칼끝이 되어 나를 겨누었다. 나는 점점 얼어붙었고 문제아의 수렁으로 빠져들었다.

나를 불러낸 것은 끝없이 이어진 신작로였다. 강물처럼 휘어진 길을 벗어나 큰길을 향했다. 죽죽 벋은 길을 물고 버티었다. 걷고 견디는 것만이 줄줄이 따라 나온 헛방에서 희망을 건져내는 소중한 일이었다.

외상장부는 어머니의 경작지였다. 농부가 씨를 뿌려놓고 결실을 기다리듯 피투성이 상처에 약을 바르고 새살을 돋게 하며 사람을 살렸다. 밭에 심은 작물이 해마다 풍년일 수 없다. 씨앗을 뿌렸다고 다 싹이 나지 않는다. 때로는 새가 날아와 물어 갈 테고 땡볕에 눈 한번 뜨지 못하고 거름으로 남을 수도 있었으리라.

현금이라 믿었던 숫자에 빗금이 늘어났다. '불가'란 단어도 진을 쳤다. 그날 밤, 우리는 어른들 몰래 외상장부를 북북 찢어버렸다. 원래 없었던 거라고 최면을 걸었다. 나는 비로소 그 무거운 짐에서 벗어날 수 있었다.

수확의 계절이 왔다. 단풍든 나뭇잎 사이로 가을이 들어와 세상은 어린 내 눈에도 서서히 손잡는 게 보였다. 산길을 따라 찾아갔던 아지매들이 치료비를 들고 왔다. 이미 증거물은 사라졌는데 콩, 참깨, 들깨를 비롯한 밭작물이 축담에 놓였다. 간간이 이름이 적힌 돈 봉투도 코를 박고 있었다. 아는 척도 않던, 외상으로 달아놓은 적도 없다는 군말이 가뭇없이 사라졌다. 장부를 없애길 얼마나 잘했는지, 우리가 도시로 집을 옮기고 난 뒤에도 화수분 역할을 했다. 참고 기다리면 명중할 수 있다는 것을 그 때 배웠다.

고향의 야트막한 산길에 들어섰다. 큰길을 두고 일부러 언덕을 따라 걷다가 고개 하나를 넘어 마을에 닿았다. 마을은 이미 공장이 들어서서 눈에 익은 길은 어디에도 없었다. 꽉 찼던 마음이 비어도 빈 것마저 아프게 흔들어대던 고갯길이었다. 뜨거운 김을 뿜어대며 떡가래를 뽑던 방앗간은 목을 길게 늘이고 두리번거려도 감이 잡히지 않았다. '떡방앗간 아지매, 나만 보면 혀를 찼지.' 문득 그리워 몇 번이나 중얼거렸다.

여름날 찰방대며 발을 씻던 도랑은 복개되어 지형이 달라졌다. 몸살 나도록 그립던 도랑의 현주소에 단발머리 소녀가 꽃핀을 꽂고 타박타박 걷고 있다. 무엇을 생각하는지, 어쩌자고 고개는 땅속을 파고드는지.

세상엔 오롯한 헛방은 없다. 들컥질 한 번 쏟아내지 못한 나는 많은 헛수고를 거쳐 오늘에 이르렀다. 그러나 보이지 않는 그물이 이 세상을 촘촘히 엮어 언젠가는 보답하는 것이 세상살이다. 어린 날 외상장부를 들고 다니며 느꼈던 비애감은 크게 버리는 연습이 되어 절망하는 마음을 붙잡아 주었다. 수만 시간을 건너온 나 이 앞에 헛방과 명중이 서로를 위로하며 아름다운 평행으로 선다.

안 녕 송 결

　송 결이는 다의 도형이다. 천재와 둔재가 한 몸에 깃들어 애매 도형이기도 하다. 이런 도형엔 바라보는 각도에 따라 토끼와 오리도, 선한 여인과 마귀할멈도 더불어 살고 있다.
　송 결이도 때로는 천재고 때로는 어리석은 둔재다. 학교에서 죽도록 공부를 하는지 강의실에 앉기만 하면 존다. 눈엔 핏기가 서려있다. 어려운 문제 하나만 더 파고들면 피가 쏟아질 듯 위태롭다. 눈빛을 보면 총명과 거리가 멀지만 성적은 전교 2등을 벗어난 적이 없다. 아무리 생각해도 이해 못할 일이다. 긍정과 부정이 극에 닿아 달가운 학생은 아니라고 도장을 찍는다.
　느긋한 형용사가 넌출 대는 일요일 오후였다. 느린 동사까지 우쭐거리는 시간을 틈타 보충강의가 있는 날이었다. 강의가 시작되기 전, 다른 학생들은 휴대폰 속에 파묻혔다. 송결이는 책상위에 다리를 얹고 유U자로 누워있었다. 바로 앉으라고 말했지만 야릇한 미소만 지었다. 나도 마주보며 한 쪽 발을 걸상에 올리고 자진

모리로 흔들었다. '성적 올리려고 왔지 잔소리 들으려고….' 한참 중얼거리더니 강의실 문을 박차고 나갔다.

 책걸상을 밀어붙이는 일은 흔했다. 선생들은 학원에서 공부만 잘 가르치면 되지 인성까지 책임질 일이 아니라고 쿨하게 넘어갔다. 나 역시 '질량불변의 법칙'을 내세우며 굳이 몰아낼 생각이 없었다. 얌전히 앉아 강의를 듣는다고 성적이 오르지 않았다. 다리 꼬고 앉아 볼펜 흔들어도 공부만 잘하면 될 일이었다.

 지구 한 귀퉁이에서 소란을 피우지만 무심히 태양이 뜨고 달이 떴다. 찻잔에 밥을 담지 말라는 법도 없다. 오히려 창의적이라고 손뼉을 쳤다. 말썽꾸러기 한 명을 자르면 그 자리에 또 한 명이 들어앉는다는 이론은 핑계였다. 학생 머릿수에 선생들의 월급을 계산하며 부끄러움도 모르고 살았다.

 송 결이는 마시던 물을 애먼 아이 문제집에 들이붓고는 밀치고 나갔다. 책장 넘기는 소리가 시끄럽다는 이유였다. "한 번만 더 그따위 행동하면…." 공 선생은 따귀 한 대 올리며 멱살을 쥐었다. 팔팔거리는 고2라도 힘으로 당할 재간이 없었는지 휑하니 달아났다. 다시 붙잡고 뒤통수를 치는 순간 붉은 눈빛에 살기가 돌았다.

 공 선생은 밥줄을 내려놓고 고등학생을 가르쳤다. 젊은 선생이 밥줄을 거는 것은 어떤 경우에도 의지대로 살겠다는 뜻이었다. 뒷배 든든한 조부모와 부모를 둔, 나름 수재를 언행이 불손하다고 손찌검을 하는 것은 어느 선생이든 할 수 없는 일이었다. 학교를 박차고 나온 것도 '돌아가는 꼬라지가 더러워서'였다. 열심히 살면 성공하느냐고 물을 때마다 아무리 노력해도 안되는 게 많은 세상이란 것을 이미 경험했는데 대답하기가 난감했다.

 학생을 때린다는 것은 사교육 현장에선 절대 금기사항이다. 사랑의 매도 용납 되지 않는다. 더군다나 성적 순위가 상위권에 들면 여간한 일이 아니면 다 용서가 된다. 그러나 터무니없이 나대는 무람없는 행동을 보고 모른 척 입 다물고 있는 것은 고역이다. 나잇살 먹은 선생이 학생들 보기에도 민망하다. '내가 이리 살아야 되나.' 종일 만근의 쇠뭉치가 어깨를 짓누른다.

 위태로운 하루하루가 지나갔다. 학부형이 찾아와 항의를 하거나 교육청에서 고발 건이 접수되었다고 연락 오는 게 수순이었다. 태풍전야는 길었다. 선생들과 나도 살얼음판을 걸었다. 교육청이라고 하면 가슴부터 두근거렸다. '까짓 꺼, 시말서 한 번 쓰지'로 굳혀도 편하지 않았다. 선생과 농을 하던 학생들은 따귀를 때리던 선생 손바닥이 마음에 걸렸다. 여차하면 나도 맞을 수 있다는 생각이 지배적이었다. 공부 잘하는 친구를 따라 몇 몇 학생이 가겠다는 말도 퍼졌다. 불안감이 엄습했다. 태풍은 오지 않고 시간만 흘렀다.

 공 선생은 사직서를 내밀었다. 봉투 모서리가 나달거렸다. 잠시

전율이 일었다. 얼마나 갈등하고 망설였을까. 책가방 들고 나서는 자식과 노부모의 생활비를 책임져야 하는데, 솟구치는 울분을 어떻게 다스렸는지. 그럴 수 있다는 말로 붙잡았지만 나름의 결론이라 덧붙이며 떠났다.

 사람이든 사물이든 눈에 보이지 않으니 마음에서도 멀어졌다. 어느 새 미안한 마음이 익숙한 장면으로 남았다. 전 의식을 흔들어 깨우기 전에는 전대미문의 사건도 서서히 묻혔다. 공 선생이 그만 두었으니 직선으로 흐르던 시간도 빛을 잃어 몇 달 사이 남의 일로 잊히고 말았다.

 한 달이 지났을 무렵 송 결이가 왔다. 여전히 투덜거리며 공 선생을 찾았다. 한동안 잊고 지냈던 얼굴이라 더없이 반가웠다. 충혈 되어 안쓰럽던 눈빛이 맑았다. 말은 없어도 성적에 매여 얼마나 허우적거렸는지 짐작이 갔다. 거북한 침묵이 잠시 흘렀다. 손을 먼저 내밀었다. 머리를 쓰다듬고 어깨를 쳤다. 그날 저녁, 개인 과외를 하던 공 선생을 만나게 해주었다. 어떤 말로 서로를 안았는지는 알 수 없다. 그들의 일은 그들이 알아서 잘 풀어낼 것이다.

 나는 문자를 보내기 위해 폰을 켰다. '안녕, 나의 마지막 제자 송결….' 떨리는 손끝에서 다의多義 도형圖形 속 천재와 둔재가 서서히 멀어졌다.

잊지 못할 편지

−헌이 이놈 보아라

새어머니의 편지는 늘 '헌이 이놈 보아라'로 시작되었다. 한글을 겨우 깨우친 터라 내게 무한 대필을 시켰다.
'헌이 이놈'은 어머니의 남동생이자 내겐 외삼촌이다. 남동생 둘은 어머니가 불러주는 대로 받아쓰기엔 너무 어렸다. 살갑지 않은 딸이지만 이때만큼은 살가운 척 했고 다정하지도 않으면서 다정한 냥 머리를 맞대고 엎드렸다.

'헌이 이놈 보아라, 내가 너를 어떻게 공부 시켰는데 이렇게 나한테 무정할수가 있느냐. 촌에서 나이 많은 부모가 농사지으면서 도저히 니 공부를 시킬 수 없는 형편이라 하는 수 없이 내가 널 부산으로 데려다가 그 좋은 부산 상고에 입학을 시키지 않았느냐. 이 쌔빠질놈아, 니도 알고 있재. 나는 삼 년 동안 죽을 고생하며 방직공장에 다니면서 니 성공하는 그날만 바라보고 참아냈다. 그 덕에 니는 좋은 데 취직도 하고 장가도 가고 잘 사는데 나한테 이렇게 섭섭케 할 수 있느냐. 헌이 이놈아, 니 본성은 참 착했다. 니가 여자 말만 듣고 여자한테 빠져서 그렇재. 정신 차려라, 니한테 들인 공이 얼만데 이 누부한테 서운케 하노. 니가 그러면 천벌 받는다. 할 말은 쌔비렸지만 참고 다음에 또 쓰마.'

'헌이 이놈 보아라' 로 시작한 편지를 몇 년 동안 한 달에 한 번 꼴은 써서 보냈다. 내용도 다르지 않았다. 몇 개의 사연이 더 추가 될 뿐이었다. 어머니는 다 쓰고 나면 빠진 내용이 없는지 읽어 보라고 닦달했다. 너무 심한 욕은 일부러 쓰지 않고 쓴 것처럼 읽으면 그 글자가 어디 있는지 짚어보라는 바람에 들키기도 했다. 내 마음 속에도 '헌이 이놈' 은 배은망덕한 사람으로 자리를 잡았다.

어느 해 추석이었다. 잘 생긴 낯선 남자가 우리 집을 찾아왔다. 어머니가 외삼촌이라고 인사를 시켰다. 하얀 피부에 반곱슬 머리카락은 은혜를 갚을 줄 모르는 사람과는 거리가 멀었다. 나는 부끄러워 작은 방에서 나오지 못했다. "누부요, 편지는 누가 그리 잘 써서 보냈소." "와, 자가 안썼나. 좀 찔리더나." 나는 '헌이 이놈' 이 잘생긴 외삼촌이란 걸 금방 알 수 있었다. "저 어린 것 한테 무슨 욕을 그리 불러주요. 말로 하지. 아 다 배리것소."

외우고도 남을 그 사연은 외삼촌의 등장으로 끝이 났다. 어머니가 아무리 사정을 해도 다시는 편지를 쓰지 않았다. '헌이 이놈'이라고 생각하면 외삼촌의 선한 얼굴이 떠올라 더 이상 쓸 수가 없었다.

어머니는 요양병원에 누워 있다. 귀도 잘 들리지 않아 통화하기도 쉽지 않다. 치매 증세가 겹쳐 아들도 알아보지 못한다. 그런데도 여전히 '헌이 이놈' 이야기를 혼자 읊고 있다. 그 욕설은 어머니가 살아있다는 증거다. 나는 그냥 잠자코 들을 뿐이다.

– 혀긔야 보아라

식탁보 밑에 잘 접힌 종이가 보였다. 얼른 꺼냈더니 편지와 돈 만 원이 같이 떨어졌다. 어머님이 손자에게 쓴 편지였다.

'혀긔야 보아라 너거 아부지가 돈 번다고 새북같이 나가 고생한다 너거 고부시키라꼬 우매나 고생하노 그러께 고부 여씨미해라 이돈가꼬 마신느거 사무꼬 아부지 거정시키지마라'

'형기야 보아라. 너거 아버지가 돈 번다고 새벽같이 나가 고생

한다. 너거 공부시키려고 얼마나 고생 하노. 그러니까 공부 열심히 해라. 이 돈 가지고 맛있는 것 사먹고 아버지 걱정 시키지 마라.'

어머님은 올 사월, 아흔 여섯에 이승을 달리 하셨다. 자는 잠에 가게 해달라고 기도를 하셨지만 자식들의 섣부른 판단으로 고생만 하신 게 마음에 걸렸다. 아홉 남매를 거두어 먹이는 일만 해도 내게는 신 같은 존재였다.
하직 인사 하는 날, 어머님의 싸늘한 이마에 내 이마를 갖다 댔다. 아, 어머님…. 무슨 말이 떠오르지 않았다. '혁긔야 보아라' 그 어눌한 편지글만 어머님 곁을 맴돌았다.

꺾이지 않으려고

눈길은 적막하다. 여간한 소리는 눈 속에 파묻힌다. 요활함을 뚫고 겨울바람의 도섭이 끊이지 않는다. 날파람과 맵바람이 연달아 몰아치더니 남실바람도 스친다. 어린 벚나무는 순풍과 역풍을 받으며 가지의 무거운 눈을 턴다. 휘기는 하나 꺾이지 않으려는 몸부림이다.

온정마을 앞 둑을 따라 걷는다. 부산에서 보기 드문 눈길이다. 날씨는 맵고 택시도 보이지 않는다. 부곡온천 까지는 한 시간은 걸어야 되는데 난감하다. 한 무리의 남녀가 맨발로 눈길을 가고 있다. 날씨는 끄느름하고 눈은 여전히 내린다.

나는 그들 뒤를 따라 나선다. 눈이 달라붙은 신발무게도 만만치 않다. 길은 미끄러워 뒤뚱거린다. "맨발로 한번 걸어보셔요, 신선놀음이 따로 없어요." 뒤따라오던 청년이 권한다. "암에 꺾이지 않으려고요." 또 다른 청년의 목소리는 둔탁하다. '꺾이며 살아도…' 꺾이며 살아도 살만하지 않느냐는 말을 할 번했다. 얼마나 시건방진 말인지는 항암의 고통을 겪어보지 않으면 모른다. "한 번 걸어볼까요, 맨발은 처음인데" 나는 찐더운 마음에 선심 쓰듯 신발과 양말을 벗어 배낭에 넣는다.

발바닥과 접지하는 순간 발가락이 오므라든다. 시린 건지 아픈 건지 뼈까지 얼얼하다. 까치발을 세워도 마찬가지다. 뒤꿈치로 걷다가 발가락을 접어 터널을 만든다. 십여 분도 못가 멈춘다. 그들은 시련에 꺾이지 않기 위해 맨발로 걷는다. 도보 성지 순례자처럼 한 줄로 서서 묵묵히 간다. 휘청대는 내게 두꺼비 걸음처럼 무겁게 걸으라고 발모양을 보여준다. 부채 살처럼 좌악 편 발가락이 공중에 뜬다. 발갛다. 아픔을 견디는 찰라가 교차한다. 신선놀음이라니, 오히려 맨발에서 부어오른 슬픔이 종종거린다. 부곡온천까지는 쉬지 않고 걸어갈 모양이다. 부디 고빗사위 길에서도 젊은 목숨 구부러지지 않길….

나는 상점에 들어선다. 어둡다. 동굴처럼 깊숙한 곳에서 노인 두 사람이 나란히 앉아 컵라면을 먹고 있다. 웬 낯선 사람인가 멀뚱하게 바라본다. 눈바람을 잠시 피하기 위해 들어왔으니 딱히 살 것도 없다. 한쪽 벽면에 진열된 상품의 가짓수는 많은데 손이 가지 않는다. 주인보기 머쓱해 컵라면 한 개를 집는다. 뜨거운 물을 붓고 기다리는 동안 손수건으로 젖은 발을 닦는다.

상점 구석진 곳 네모 상자에 보리가 자란다. 눈 속에 파묻혀 겨울을 나야 이삭을 달 텐데 드나드는 사람들의 이야기만 듣는다. 연한 잎 끝에 맺힌 물방울은 한겨울의 매서운 바람을 걱정할 리 없다. 보리에 시선이 오래 머물자 가게주인이 중얼거린다. '보리 싹 키워서 원수 같은 영감 갈아줄라꼬.' 반어법이다. 그렇게 말해도 얼마나 아끼는 사람인지는 그의 표정에서 읽는다. 안쪽에서 들린 밭은기침소리 주인공이 남편이었나 보다.

　보리 싹은 우화등선羽化登仙을 품고 있다. 언제부터인지 샐러드 재료로 식탁에 오르더니 만병통치 식품으로 화려한 날개를 단다. 파종한 보리는 열흘이 지나면 10여 센티미터 자라고 영양성분은 최고에 달한다. 철분은 시금치의 24배, 칼슘은 우유의 5배, 칼륨은 사과의 20배다. 면역력 키우는데도 일등공신이다. 이 정도면 종요로운 이삭 달지 못하고 꺾인들 한탄할 일이 아니다. 누렇게 익은 보리밭을 밀어내면 어떠랴. 기침소리 멎게 할 부드러운 보리 싹에 날아오를 신선이 어른거린다.

　컵라면 냄새는 고요에 파문을 던진다. 눈을 털고 들어서는 남자가 냄새에 말을 건다. "나도 컵라면 하나 주소, 금방 점심 먹고 나왔는데…." 냄새 너 때문에 낚였다는 뜻이다. 사리가 익을 동안 소주 한 병도 탁자에 얹는다. 남자의 흐뭇한 표정에 세상의 근심이 다 달아난다. 컵라면이 소주와 만나서일까, 삐걱대는 의자 소리도 경쾌한 음이다.

나는 컵라면 한 개를 달게 먹는다. 부드러운 면발이 목을 타고 미끄러진다. 오늘의 선택은 최상이다. 목이 비뚤한 온풍기가 꺽꺽 소리 내며 돌아간다. '나는 죽을거야 끼익.' 도돌이표를 읊듯 박자와 음색이 똑 같다. 행색은 곧 멈출 태세다. 다시 귀를 기울인다. '그래도 살거야 끼이익.' 결기 찬 다짐을 하듯 반쯤 꺾인 목을 안간힘 쓰며 세우려 애쓴다. 온풍기의 너스레가 추위를 막더니 주황색깔 불빛은 사람을 품는다.

한 시간이면 족할 거리를 두 시간 가까이 옹송그리며 걷는다. 눈 위에 까치 새끼 한 마리가 옆으로 드러누워 있다. 허리를 굽혀 동정을 살핀다. 뻣뻣하다. 폭설을 피하지 못해 얼어 죽었을까. 생사의 경계에서 퍼덕이다 언제쯤 생을 마감했을까. 깃털 하나 다치지 않았는데 살아있던 과거는 보이지 않는다. 총총거리며 뛰던 귀여운 모습, 반가운 소식 전하던 경쾌한 소리도 눈 속으로 스며든다. 세상에 없었던 것처럼 흔적하나 두지 않고 사라지려는 걸까. 어디선가 어미까치 울음소리 들릴 것 같아 귀를 열지만 외경스러운 설장雪葬에 눈바람만 스친다.

볕 좋은 가을날, 우리 집 옥상에서 땅콩을 말렸다. 서너 되는 넘었는데 절반이 사라졌다. 눈을 의심하며 이층 마당으로 가져와 널어두었다. 바깥에서 까치소리가 요란스레 들렸다. 소리가 끊이지 않아 창문을 열었더니 까치 대여섯 마리가 땅콩을 물고 달아났다.

이웃집 옥상 난간에도 여남은 마리가 앉아 땅콩소쿠리에 정신을 놓고 있었다. 시끄럽게 떠들던 소리는 맛있는 먹이를 찾았다는 신호였다. 그들만의 언어로 불러들여 삽시간에 물고 달아났다. 땅콩은 또 절반으로 줄었다. 눈 위에 쓸쓸히 누워있는 어린까치도 무리지어 살았을 텐데 무엇에 홀려 이곳에서 꺾였는지 알수없다. 서로를 챙기던 그들은 어디에 모여 생을 이어갈까.

어미까치는 억울한 죽음에 반기를 드는지 울음조차 없다. 눈물은 슬프다는 이유로만 흘리지 않는다. 이토록 고요한 것은 혈관을 타고 흐르는 슬픔 달래느라 어린 영혼 붙들고 침묵하는지도 모른다.

부곡온천 건물이 흐릿하게 보인다. 눈도 잦아든다. 살아있는 것은 눈의 무게에 꺾이지 않으려고 제 몸을 흔든다. 맨발로 눈석잇길 걷던 청년들은 목적지 까지 무사히 도착했을까. 설장으로 떠난 까치의 영혼은 제 길을 잘 찾아갔을까.

굴곡 많은 삶이지만 나도 꺾이지 않으려고 내 걸음으로 묵묵히 눈길을 간다.

물풀

 친구가 죽었다. 석 달 밖에 못산다는 의사의 말은 잘 벼린 칼이었다. 살다보면 엇나가는 일이 수도 없이 많은데 이 말만은 정확했다. 몇 달이 지나자 또 다른 친구가 덜컥 자리에 누웠다. 먼저 간 친구의 슬픔이 채 가시기 전이었다. 활기 넘치던 단톡 방은 누구든 입도 벙긋 하지 않았다. 익살스런 그림이 오르내려도 침묵만 쌓였다.
 '국밥 먹으러 가자.' 문자를 보냈더니 친구 몇몇이 모였다. 사사건건 따지던 순양이도 그냥 나왔다. 만나면 제이야기로 들뜬 시간이 이리도 고요하다니, 적막만이 드러누워 빗금을 그었다. 한 달 전부터 약속해도 어려울 일이 삽시간에 이루어진 것은 아픈 친구가 보낸 귀한 선물이었다.
 시외버스를 타고 장터에 내렸다. 할 일없이 쏘다녔던 골목길을 걸었다. 사람 그림자마저 사라진 길에 우리들의 이야기만 정겨웠다. 떼쓰던 아이들의 울음, 무엇을 해달라고 칭얼거리던 소리마저 그리운 한낮이었다.
　소고기 국밥이 들어왔다. '이거라도 먹였으면…' 불쑥 나온 친구의 혼잣말에 목이 멨다. '밥맛이 죽어라고 없다는데….' 맛깔스런 김치에 군침이 돌았다. 이 찬이면 밥 한 그릇 달게 먹을 텐데 마음뿐이었다. 지금쯤 뭉텅 빠지는 머리카락을 들여다볼까, 야윈 몸으로 안간힘 쓰며 걷기 운동을 할까, 어쩌면 사경을 헤매고 있을지도 모를 일이었다. 뜨거운 국물이 넘어가도 속은 만년 빙하였다. 우리는 묵묵히 안타까움만 먹었다.
　수년 전 친구들과 규슈온천에 갔다. 마침 오월이라 어버이날 자축행사를 이곳에서 치렀다. 이승을 떠난 어머니께 고마운 마음을 전하고 어머니로 살아온 우리를 위로하는 자리였다. 병석에 누운 친구가 먼저 엄마에게 고백했다.
　"엄마, 미안해, 책값 많이 땡가 묵어서, 알면서도 속아 준 우리 엄마, 고맙고 또 고맙데이."
　한바탕 웃다가 '어버이 은혜' 노래 합창에 목이 멨다. 나를 위로하는 시간이라기보다 어머니를 떠올리며 눈물을 훔쳤다. 각다분한 삶의 흔적을 기억하는 자리, 그 시간이 모여 우리들의 아름다운 역사가 되었다.
　여름이면 강가에서 자주 놀았다. 한 아이가 먼저 가 있으면 너도 나도 몰려가 얕은 물속으로 들어갔다. 몰이 무성했고 크고 작은 조개도 무리지어 살았다. 고만고만한 사람들이 오종종 모여 사는 우리 동네와 비슷했다. 자맥질을 하고 숨을 몰아가며 물풀 속을 헤집고 다녔다.

물속이 궁금했다. 강물에 얼굴을 푹 담그고 눈을 떴다. 무엇이 보이길 바라며 뜨고 감기를 반복했다. 금빛 모래가 눈처럼 휘날렸다. 물살이 거친 곳엔 돌개바람이 불어 물꽃을 피웠다. 신들린 듯 흔들리는 물풀도 신비로웠다. 거북이가 등장하고 나를 태우고 갈 연꽃도 나타날 분위기였다. 정서기근에 허덕이던 어린 마음은 토실하게 살이 올랐다. 짧은 순간이지만 행복했다.

친구들에게 물속 풍경을 전했다. 지금쯤 거북이와 연꽃이 떠오를지 모른다고, 멀뚱하게 쳐다보는 친구에게도 물속에 잠겨보자고 꼬드겼다. 햇살이 기울 무렵 드디어 몇몇이 합류했다.

물속은 희뿌연 모래만 먼지처럼 둥둥 떠다녔다. 낮은 하늘에 마른먼지가 떠다닐 때와 다름없었다. 신기루가 나타났던 것일까. 금빛 눈과 물꽃은 어디로 사라졌는지, 거북이도 연꽃도 나타나지 않는 물속이 마냥 야속했다. 번개처럼 휙 스쳐만 가도 어깨가 으쓱했을 텐데, 눈동자가 벌건 친구들은 내 등을 수도 없이 때리며 멀어졌다. 강물은 나를 배신하고 입을 다물었다.

나는 자주 물을 읽었다. 푼푼한 물이랑마다 말 못할 사연을 품고 있었다. 강물은 다문 입을 열었다. 회상이란 단어에 주눅이 든 것일까, 이렇게 수월하게 해독이 되다니.
 강물이 불어난 어느 해 여름이었다. 친척 아재가 강물에 빠져 목숨을 잃었다. 평평한 땅에 거센 파도가 일었으나 정작 죽은 이유는 아무도 몰랐다. 건장한 남자가 까닭 없이 죽었다고 온 동네가 신열을 앓았다. 한 동안 웅성거렸지만 곧 잊히고 말았다.
 친척 언니가 연달아 물에 빠져 생을 마감했다. 죽은 사건보다 시집도 안간 언니 뱃속에 아기가 있었다는 것이 더 놀라운 일이었다. 마을은 더 조용했다. 귀한 생명이 몇 달 사이에 또 사라지자 비로소 이유를 알게 되었다. 동성동본의 사랑은 수치라는 것, 혼인신고도 할 수 없다는 것, 자식이 사생아가 되는 꼴을 보고 사느니 잘 죽었다고 어른들은 한목소리를 냈다. 죽어야 하고 죽어도 마땅한 사람은 어떤 사람일까. '아재와 조카가 본데없이 무슨 사랑 놀음을', 가문의 치욕이란 단어가 저녁 밥상머리에서 자주 들렸다. 한동안 '본 데 없이'는 내 발자국마다 따라다녔다. 나는 오랫동안 두 사람의 순정한 사랑이 죽어서라도 이루어지길 바랐다.
 물풀은 그날의 역사를 기억하고 있다. 줄기는 물을 따라 흘렀지만 뿌리는 깊이 내려 비밀을 알린다. 동네사람들은 떠난 두 사람을 위해 진혼굿으로 달랬으나 영혼들은 응어리를 풀었는지 알 수 없다. 수십 년이 지나도 그날의 웅성거림이, 딸을 잃고 강 주변을 헤매며 애 끓이던 아지매의 흐느낌이 선명하게 들린다. 무쇠 같던 마음은 부드러워졌을까.

  한밤중이다. 친구의 부음이 톡톡거린다. '친구가 영원히 우리 곁을 떠났다.' 영원이란 단어는 쓸쓸함을 물고 있다. 그도 더 이상 버틸 수 없었나 보다. 머뭇거리며 돌아 볼만도 한데 생의 비애를 머금고 휑하니 떠난다. 비린강 물풀 한 자락이 끊어져 삶과 죽음의 경계를 허문다. 시공간을 넘은 아재와 언니와 내 친구는 강물에 섞인다. 죽음을 이해할 나이여서 일까, 나도 넌출거린 물풀을 따라 밤새도록 흐르기만 한다. 어디가 끝인지도 모르고.

그레이 노마드를 꿈꾸며

일흔 한 개째 종을 닦는다. 쌓인 먼지를 훔치다 귀에 대고 흔든다. 아직은 맑다. 폐기 명단에 서너 번 올랐다가 다시 살아난 애장품이다. 건져 올리길 얼마나 잘했는지.

스페인 톨레도에서 사온 종은 딸랑딸랑 소리로 인사를 한다. 구리로 만든 작은 요령이다. 종소리엔 노마드의 꿈이 담겨있다. 때가 되면 캠핑카를 살 것, 창가에 작은 종을 달고 무조건 떠날 것, 쫄랑쫄랑 방울소리를 내며 언덕길을 오를 것, 저녁놀을 보며 은은한 종소리를 들을 것, 꼬질꼬질한 걸레 따위 빨지 않을 것, 야무진 꿈은 여전히 꿈이다.

30여 년 동안 한 가지 일에 몰입했다. 하루 14시간을 근무했는데 이렇게 하지 않으면 살아남지 못할 줄 알았다. 사교육에 헌신한 선생들은 다 그렇게 생각했다. 교육 정책이 바뀔 때마다 적응하기 어려웠다.

어느 해는 교육부에서 밤 열시 이후엔 학원수업을 금지시켰다.

학교에서 열시까지 붙들어 둔 이유가 고3학생들의 수면시간을 늘이기 위한 방법이었다. 수능 몇 달을 앞 둔 수험생들은 애가 탔다. 마무리를 해야 되는데 혼자하기 어렵다고 투덜거렸다. 학부형과 학생과 암묵적 합의로 수업을 하다가 징계를 받은 학원이 늘어났다. 한동안 시끌벅적 하더니 어느새 그 제도는 꼬리를 감추었다.

공문의 진부한 문장을 지우고 있으면 은근히 부아가 치밀었다. 책장 앞에서 이런 저런 책을 꺼내어 읽어도 목구멍에 걸렸다. 난해한 언어에 책 멀미도 났다. 그럴 때는 종을 닦았다. 구리로 만든 종은 광내는 약품으로 녹을 없애고 마음에 낀 때도 벅벅 문질렀다. 수십 수백 번 손놀림이 멈추면 윤기 나는 종만큼 마음도 빛이 났다.

스페인 여행에서 처음으로 내디딘 톨레도의 골목길은 은밀했다. 유구한 역사를 숨기며 구불거렸다. 말이 다니고 말똥을 밟고 깔깔거린 아이들의 숨소리는 이방인들의 발자국에 묻혔다. 마차가 다니던 좁은 골목길 상점에서 돈키호테를 상상하던 톨레도 사람의 선한 인상과 마주쳤다. 그도 나도 웃기만 했다. 손수 만든 칼과 방패가 진열대를 채우고 한 귀퉁이에 모여 있는 색색의 요령이 눈에 들어왔다. 얼마나 귀엽고 예쁜지, 그림이 다른 요령 다섯 개를 사들고 행복에 겨웠다. 그날은 종일 몸에서도 종소리가 났다.

종을 만지면 근사한 미래가 보인다. 키 높이 따라 줄을 세우고 구입한 연도별로 정리하고 있으면 인생 후반의 편안한 삶이 눈앞에 와 있다. 사람마다 목소리가 다르듯 종소리도 재질이나 크기에 따라 울리는 소리가 다르게 들린다. 기분에 따라 댕그랑거리다가 텅텅거리다가 풀이 꺾이기도 한다.

길게 누운 편종編鐘은 악기 대용이다. 종 일곱 개를 나란히 단 것도, 다섯 개를 매달아 매듭으로 장식한 것도 편하게 누워있다. 크기가 다른 종을 박자에 맞추어 두드리면 동요 한곡은 거뜬히 부른다. 편종을 발견하고 사지 않으면 큰일이라도 날 것 같던 그때의 마음이 부스스 일어난다. 어떤 소리를 낼까, 그 기대에 얼마나 설렜던지. 낯선 중국 거리에서 돌아오지 않던 나를 묵묵히 기다려준 사람들은 잘 살고 있지 싶다.

동종銅鐘은 울림이 크다. 사기로 만든 요령은 성질 급한 사춘기 소년의 툭툭거리는 목소리와 비슷해 얼른 내려놓는다. 가우디 그림을 새긴 요령은 보기만 해도 눈이 시리다. 하얀 도자에 붉은 태양을 중심으로 여러 가지 도형이 몸체를 자랑한다. 파란과 잉크 물빛을 닮은 색깔로 강렬하게 치장한 것도 마음에 든다. 네모를 흔들어 타원형으로, 삼각형은 주물럭거렸는지 비뚤한 원에 가깝다. 송곳처럼 뾰족한 부분은 일부러 없앴을까. 흑백논리에 목숨 걸던 부끄러운 지난날을 가우디가 껴안는다.

드디어 나는 삼십 여 년의 과거를 청산한다. 쓸 수 있을 것 같아 보관했던 백여 개 책걸상을 터럭에 실어 보낸다. 불속으로 들어갈 운명인지 재활용 센터에서 새 주인을 기다릴 팔잔지는 모른다. 애잔한 과거를 보내며 첫 길만 가볼 것이라고 중얼거린다.

'첫'이란 글자는 참으로 쌈박하다. 네모반듯한 색종이며 죽 벋은 신작로다. 첫 글자엔 지난날도 없다. 과거를 다 뺀 글자라 밝든 어둡든 흔적이 없으니 돌아 볼 이유가 따라붙지 않는다. 나는 가보지 못한 동네를 찾아 첫 길, 첫 경험, 처음으로 밟는 땅, 첫 나들이를 하며 예쁜 종을 넉넉히 살 것이다. 그레이 노마드를 다시 꿈꾸며.

달개집 서사

인쇄일 2023년 10월 20일
발행일 2023년 10월 30일

지은이 박희선
펴낸이 박철수
펴낸곳 도서출판 해암

등록번호 제325-2001-000007호
주소 부산시 중구 대청로 138번길 9 (대원빌딩 302호)
전화 051)254-2260, 2261
팩스 051)246-1895
메일 haeambook@daum.net

ISBN 978-89-6649-240-4 03810

값 15,000원

*본 도서는 2023년 부산문화재단 지역문화예술육성지원사업의 일부 지원으로 제작되었습니다.
*이 도서의 국립중앙도서관 출판예정도서목록(CIP)은 서지정보유통지원시스템 홈페이지 (http://seoji.nl.go.kr)와 국가자료공동목록시스템(http://www.nl.go.kr/kolisnet)에서 이용하실 수 있습니다. (CIP제어번호 : CIP2016019199)